Uwe Waterstraat

Gestohlene Zeit & Freiheit

Eine autobiografische Skizze

Uwe Waterstraat

Gestohlene Zeit
&
Freiheit

Eine autobiografische Skizze

Rediroma-Verlag

Bibliografische Information der Deutschen Nationalbibliothek:
Die Deutsche Nationalbibliothek verzeichnet diese Publikation in der Deutschen Nationalbibliografie; detaillierte bibliografische Daten sind im Internet über http://dnb.ddb.de abrufbar.

ISBN 978-3-96103-127-6

Illustrationen: Uwe Waterstraat
Lektorat: Friederike Brendler, Fürstenwalde

www.rediroma-verlag.de
9,95 Euro (D)

Inhalt

„Die Welt wird nicht bedroht von den Menschen, die böse sind, sondern von denen, die das Böse zulassen.“[1]

Albert Einstein

Vorwort

Ich habe mich oft gefragt: Kann man Zeit zurückdrehen, verschwenden oder sich Zeit von anderen stehlen lassen? Vermutlich gibt es mehrere Antwortmöglichkeiten. Auf jeden Fall kann man Geschehenes nicht ungeschehen machen. Man kann sich aber selbst Zeit stehlen und auch durch andere stehlen lassen. Bestiehlt man sich selbst, so trägt man persönlich die Verantwortung, geht mit sich ins Gericht und lässt vielleicht mildernde Umstände gelten. Wie sieht es aber mit der Zeit aus, die einem von anderen gestohlen wurde? Wie geht man damit um und wie zieht man den oder die Schuldigen zur Rechenschaft? Welcher Wert oder Preis kann für den Verlust angesetzt werden? Wie hoch kann er für einen Tag, eine Woche, einen Monat oder ein ganzes Jahr ausfallen? Kann Lebenszeit überhaupt mit Geld aufgewogen werden? Alles Fragen, die für mich im Raum stehen und nach Antworten suchen.

Im Radio gibt es einen Werbespruch, in dem sieben Jahre zusätzliche Lebenszeit versprochen werden, falls man eine entsprechende Versicherung abschließt. Hierbei handelt es sich um die statistisch ermittelte, heutzutage durchschnittlich längere Lebenszeit, die damit finanziell abgesichert werden soll. Man kann also vieles mit seiner Zeit anfangen, sie nutzen, sparen, vergeuden, stehlen. Oft spricht man auch davon, Zeit zu gewinnen; fast alles scheint möglich. Doch vergangene Zeit ist unwiderruflich Vergangenheit und nicht mehr veränderbar.

Wieso mich dieses Thema beschäftigt? Mir wurde in der DDR im doppelten Sinne viel Zeit gestohlen. Damit meine ich zunächst den direkten, kurzzeitigen Freiheitsentzug in U-Haft und den etwas längeren offenen Strafvollzug hinter dem ‚Antifaschistischen

Schutzwall'. Aber auch zu lange Wartezeiten sind irgendwie gestohlene Zeiten. Früher, als junger Mensch, habe ich alles natürlich nicht so kritisch gesehen wie heute. Ich habe einfach unter den Umständen gelebt und versucht, meinen Weg zu gehen und das Beste daraus zu machen. Hätte man mich schon damals über die vielen unrechtmäßigen Dinge aufzuklären versucht, ich hätte es nicht geglaubt. Was hinter den Kulissen passierte, war mir kaum bekannt und interessierte mich auch nur am Rande. Solange man nicht unmittelbar davon betroffen war, bekam man auch so gut wie nichts mit. Erst als mir auf schmerzhafte Weise fast vier Monate Lebenszeit gestohlen wurden, änderte sich meine Haltung. Im Gefängnis eingesperrt, musste ich 112 Tage unter völlig ungewohnten und menschenunwürdigen Bedingungen auf meine Verurteilung oder Freilassung warten. Eine solche Situation lässt Menschen den hohen Stellenwert von Zeit erkennen.

Die Wahrnehmung der Zeit ist eigentlich davon abhängig, was in der Zeit geschieht, so sagt man im Allgemeinen. Ein sehr ereignisreicher Zeitraum erscheint nur kurz und vergeht in Windeseile. Ereignisarme Phasen empfinden wir dagegen häufig als quälend, und sie vergehen besonders langsam. Im ersten Fall spricht man von Kurzweil, im zweiten von Langeweile.[2]

Mit der Erinnerung an vergangene Zeiten verhält es sich komischerweise umgekehrt. Die ereignisreiche Zeit nach der Wende empfinde ich, als sei sie schon eine Ewigkeit her. Meine Zeit in Einzelhaft war dagegen so ereignisarm, von so viel Langeweile geprägt, dass sie im Rückblick ganz kurz erscheint und die wenigen Ereignisse größtenteils verloren gegangen sind. Auch die Zeit nach meiner Entlassung ist schwer greifbar. Ich hatte meine Inhaftierung einfach abgehakt und dem Vergessen überlassen. Sie wurde bis zur Wende nicht mehr thematisiert, zumal es besser war, darüber zu schweigen.

Mit dem Begriff der Zeit haben sich schon Vertreter verschiedenster Disziplinen auseinandergesetzt. Im Rahmen des Schulunterrichts kamen wir nicht an Albert Einstein und seiner Relativitätstheorie vorbei:

In ihr „bildet die Zeit mit dem Raum eine vierdimensionale Raumzeit, in der die Zeit die Rolle einer Dimension einnimmt". Der Begriff der Gegenwart ist dabei „nur in einem einzigen Punkt definierbar, während andere Punkte der Raumzeit, die weder in der Vergangenheit noch der Zukunft dieses Punkts liegen, als ‚raumartig getrennt' von diesem Punkt bezeichnet werden".[3]

Aber wer versteht das schon als normaler Mensch. Diese Zusammenhänge sind eben einfach zu kompliziert, wurden aber kürzlich im Versuch sogar nachgewiesen. Aus philosophischer Perspektive wird die Zeit wie folgt beschrieben:

Die Zeit ist „das Fortschreiten der Gegenwart von der Vergangenheit kommend zur Zukunft hinführend". Das Gefühl, dass sich die Gegenwart zu bewegen scheint, „wird auch als Fließen der Zeit bezeichnet, (...) entzieht sich jedoch einer naturwissenschaftlichen Betrachtung".[4]

Aber auch die Geisteswissenschaftler können das Phänomen der Zeit nicht eindeutig erklären, wie ich in Erfahrung bringen konnte. Es gab weise Männer, die die Zeit definierten und in Worte fassten. Drei dieser Aussagen gefielen mir ganz besonders, und ich möchte sie in diesem Zusammenhang unbedingt erwähnen.

Von Napoleon Bonaparte gibt es folgenden Satz:

„Es gibt Diebe, die von den Gesetzen nicht bestraft werden und doch dem Menschen doch das Kostbarste stehlen: die Zeit.“[5]

Von Samuel Beckett stammt der Satz:
„Unsere Zeit ist so aufregend, dass man die Menschen eigentlich nur noch mit Langeweile schocken kann.“[6]

Und von Karlheinz Deschner fand ich diesen schönen Satz:
„Ist es das Gute selbst an der schlimmsten Zeit, dass sie vergeht, ist eben dies das Schlimme auch an der besten.“[7]

Alle drei Zitate verweisen auf meine persönliche Erfahrung. Mir haben Diebe ungestraft Zeit gestohlen und es einfach als ungeschehen verschwiegen. Es gab keinerlei Entschuldigung oder Wiedergutmachung in der DDR, im Gegenteil: Eine Notiz in der Kaderakte verwehrte mir bis zur Wende jegliche Dienstreisen. Den von Samuel Beckett angesprochenen Schock der Langeweile erfuhr ich im ersten Monat der Einzelhaft, nach vielen aufregenden Erlebnissen zuvor. Die Zeit blieb einfach stehen und verlief anschließend sehr zähflüssig. Doch wie der Kirchenkritiker Karlheinz Deschner so schön formuliert hat, vergeht auch die schlimme Zeit. Dass die Zeit alle Wunden heilt, ist nach meiner Auffassung allerdings nicht ganz zutreffend. Mit der Zeit verblassen die Erinnerungen, ihre Konturen verschwimmen nebelartig. Vieles Negative wird in den ‚untersten Schubladen‘ abgespeichert und teilweise versiegelt, kann aber nicht völlig entsorgt werden. Fast abgeheilte Wunden können immer wieder aufbrechen.

Die gestohlene und damit verlorene Zeit kann mir leider keiner mehr zurückgeben; sie ist Vergangenheit. Sie soll aber nicht in Vergessenheit geraten, ebenso wenig wie die Wende.

SEID BEREIT
Kindheit

1 Zeit der Kindheit

Ich war ein Kind der DDR und feierte jährlich den gleichen Geburtstag wie meine Republik, allerdings schon Anfang des Jahres, im Monat Januar. Geboren im Jahr der Gründung, in der Nähe der Ostsee, kam ich als Zweijähriger mit meinen Eltern nach Berlin, in den Ostteil, die ehemalige Sowjetische Besatzungszone. Die Russen blieben bis zum Schluss und behaupteten auch ihre politische Vorherrschaft. Nach 41 Jahren verschwanden beide, der ‚Arbeiter- und Bauernstaat' sowie seine ‚Besatzer'.

Meine Eltern waren jung und hatten nach dem Krieg die große Hoffnung, einen neuen deutschen Staat aufzubauen. Sie folgten dem Aufruf der Freien Deutschen Jugend (FDJ). Anfangs wohnten wir mit zwei Familien in zweieinhalb Zimmern; der Wohnraum in Berlin war äußerst knapp. Wir mussten uns Bad und Küche teilen. Später dann, als mein Bruder nach Berlin kam – er hatte bis zum Abschluss der ersten Klasse bei Oma und Opa in Rostock gelebt –, hatten wir die Wohnung für uns allein.

Im Mai 1950 wurde in Ostberlin das »Deutschlandtreffen der Jugend« ausgerichtet. 700 000 Jugendliche nahmen daran teil. Neben kulturellen Veranstaltungen fanden hauptsächlich politische Gespräche und Diskussionen statt, denn der junge deutsche Staat wollte sich der Welt präsentieren.[8]

Durch mein gesamtes Umfeld, dazu gehörten meine Eltern, Großeltern, der Kindergarten und später die Schule, wurde ich systematisch auf die sozialistische Weltanschauung getrimmt. Ich durfte Jungpionier, Thälmann-Pionier und danach FDJler werden. Alles fand ich toll und völlig normal. Mir gefiel besonders, Mitglied einer großen Gemeinschaft zu sein. Ich wollte unbedingt dazugehören, und klar, als Kind war ich sehr stolz darauf. Ich wollte kein Außenseiter sein wie andere, die nicht mitmachen wollten oder nicht durften. Und da gab es einige in unserer Schule; auf sie wurde häufig mit dem Finger gezeigt. Ein Teil von ihnen wurde sogar öffentlich angeprangert. Dazu gehörten insbesondere die sogenannten Grenzgänger. Die Bezeichnung bezog sich dabei mehr auf deren Eltern, die in Westberlin arbeiteten. Viele von ihnen verließen uns klammheimlich kurz vor dem Mauerbau 1961.

Bei uns zu Hause war die Abwanderung überhaupt kein Thema, im Gegenteil. Obwohl auch einige echte Freunde in den Westen gingen. Bis zur Errichtung des ‚Antifaschistischen Schutzwalls' brachten diese Schüler noch Kaugummis, Comichefte und Knallplätzchenpistolen mit in die Schule. Alle Hefte aus dem Westen waren natürlich streng verboten und Pistolen, das ging überhaupt nicht. Sie galten als militaristisches Spielzeug und wurde zu dieser Zeit total verabscheut, was sich später aber ändern sollte. Man durfte sich auf keinen Fall erwischen lassen, ansonsten wurden die Dinger für immer eingezogen und nicht wieder herausgegeben. Wer die sogenannte ‚Schundliteratur' dann wohl gelesen oder mit den Waffen gespielt hat? Sind die bunten Hefte wirklich vernichtet worden? Beim Kriegsspielzeug war das vielleicht denkbar. Unsere Klasse wurde jedenfalls von Tag zu Tag kleiner. Es wurde schon darüber nachgedacht, zwei Klassen zusammenzulegen.

Umgekehrt gab es aber auch Einwanderer. Ein Familienvater aus Jordanien, der politisch verfolgt wurde, war mit Frau und zwei Kindern nach Ostberlin geflohen. Unter dem Regime von König Hussein sollte er zum Tode verurteilt werden, erzählte man. Die Kinder waren in meinem Alter. Die gesamte Familie war sehr impulsiv, sie redeten besonders lautstark miteinander, sodass ich anfangs dachte, sie würden ständig streiten. Der Vater arbeitete als Auslandsredakteur und die Mutter als Nachrichtensprecherin beim Staatlichen Rundfunk für das »Radio Berlin International« in der Nalepastraße. Alle konnten natürlich problemlos nach Westberlin. Sie hatten als einzige in unserem Haus einen großen Fernseher und besaßen auch eines der wenigen Autos in unserer Straße. Häufig durfte ich mit den Kindern zusammen fernsehen, so tolle Sendungen wie »Abenteuer unter Wasser« mit Hans Hass, »Lassie« und »Bonanza«, eine Westernserie. Die beiden Jungs lernten sehr schnell Deutsch, aber mit den Eltern konnte man sich nur auf Englisch unterhalten, und das konnte ich damals noch nicht. Von dem älteren der Jungen, mit dem ich mich angefreundet hatte, lernte ich etwas Arabisch und erfuhr, dass von rechts nach links geschrieben wird. Außer der Begrüßung ist nur das Wort „Hampelmann“ bei mir hängen geblieben. Es klang so ähnlich wie „effendi habile“.

Als junge Menschen glaubten wir alles, was man uns erzählte und stellten kaum etwas infrage. Drüben, das heißt in Westberlin, lebten angeblich die ‚bösen‘ Kapitalisten, die die Menschen ausbeuteten und unterdrückten, alte Faschisten, Militaristen und Revanchisten, die ständig gegen unseren Arbeiter- und Bauernstaat hetzten. Ich hatte schon ein bisschen Angst bei dem Gedanken, dass im Westteil die Feinde lebten. Besonders ihr Anführer, Konrad Adenauer, ein ‚alter Nazi‘, der immer mit einem Atombombenkopf dargestellt wurde, war häufig in unseren Nachrichten zu sehen. Dennoch war ich einmal als Zehn- oder Elfjähriger mit einem Mitschüler, dessen Vater in Westberlin wohnte – die Eltern waren geschieden –, allein im Westteil der Stadt. Mit dem Westgeld seines Vaters wollte er sich eine jener Knallplätzchenpistolen kaufen. Wir fuhren gemeinsam mit der Straßenbahn 92 von Niederschöneweide nach Treptow. Die Bahn bestand nur aus einem Triebwagen ohne verschließbare Türen. Eine Endhaltestelle war in Oberspree, in der Nähe des Strandbades, und die andere am S-

Bahnhof Treptower Park. Von dort aus liefen wir die Puschkinallee entlang bis zum Grenzübergang und über einen Kanal nach Kreuzberg. Direkt hinter der Grenze befanden sich Kinos, mehrere Geschäfte, Wechselstuben, eine Tankstelle und einige Kneipen, meist an den Straßenecken, Eckkneipen eben. Wir bestaunten die großen, farbenfrohen Reklameschilder mit Zigaretten-, Waschpulver- und Maggiwerbung. Auch die Zeitungen und Zeitschriften am Kiosk waren viel bunter als bei uns. Besonders lange blieben wir an den vielen Kaugummiautomaten stehen, die vor den Geschäften standen. Sie enthielten nicht nur Kaugummis und Lakritze, sondern auch kleine Revolver, Totenkopfringe, Kettenanhänger und andere tolle Sachen. Man musste einfach nur ein Geldstück – das heißt einen Groschen – einwerfen, unten ziehen, und dann kam eines der Dinge herausgepurzelt. Was herausfiel, war natürlich Glückssache. Mein Mitschüler kaufte sich in einem Spielwarengeschäft eine schwarze Pistole aus Metall, mit mehreren Knallplätzchenringen dazu. Mir schenkte er zwei davon, die ich zu Hause auf der Straße mit einem kleinen Stein zum Knallen brachte. Das rumste nicht schlecht und die Leute regten sich auf, dass ich so einen Krach machte.

Mit meinem Vater war ich auch zweimal auf der Internationalen Funkausstellung (IFA) am Funkturm. Erinnern kann ich mich noch an Kakaomilch und die Militärparaden der Alliierten, besonders an die mit Röcken und Bärenfellen bekleideten Schotten. Ihre Trommelstöcke waren an den Händen mit Lederriemen befestigt und wurden gewaltig durch die Luft gewirbelt, sodass man befürchtete, sie würden jeden Moment wegfliegen. Dazu erklangen die Dudelsäcke – das war schon ein gewaltiges Erlebnis für mich.

Ansonsten spielte sich mein Leben komplett in Ostberlin ab. Wir wollten nur unbeschwert spielen, draußen herumtoben und uns satt essen. Besonders liebten wir alles, was mit Sport zu tun hatte. Die meisten gingen regelmäßig in einen Sportverein zum Training und am Wochenende zu den Wettkämpfen. Die Vereine kamen in die Schulen und warben für Leichtathletik, Schwimmen und Rudern. Sport wurde ganz groß geschrieben, speziell der Leistungssport, mit dem international unsere Stärke bewiesen werden sollte. Wir waren im Übrigen fast alle sogenannte Schlüsselkinder, die morgens mit den Eltern die Wohnung verließen und nach Hort, Schule und wieder Hort kurz vor den Eltern nach Hause kamen. In den meisten Familien mussten beide Elternteile arbeiten, damit genügend Geld zum Überleben verdient wurde, ganz besonders wenn man Kinder hatte. Nur ganz wenige Mütter waren zu Hause und einige wohnten mit den Großeltern zusammen, sodass die Kinder nach der Schule gleich nach Hause gehen konnten. Dabei kam es auf dem Weg zur Schule oder nach Hause gelegentlich zu ordentlichen Prügeleien mit den Mitschülern. Gründe gab es viele, meist waren es völlig belanglose. Der Unterricht und das lange Stillsitzen stressten ungemein, der Druck wurde so gewaltig, dass man einfach Dampf ablassen musste. Auf dem Schulhof hatte das meist schlimme Folgen, und zwar Disziplinarstrafen. Man musste sich beim Direktor eine Standpauke abholen, nach dem Unterricht in einer anderen Klasse nachsitzen und eine ganze DIN-A4-Seite in Schönschrift verfassen, mit ein und demselben Satz: „Ich darf mich in der Schule nicht prügeln."

Auf der Straße und im Park lauerten aber auch andere Gefahren, vor allem Hunde. Schon als kleiner Junge machte ich einen großen Bogen um sie. Und wir hatten wirklich viele Hunde in unserer Straße. Enorme Angst hatte ich vor Schäferhunden. Sie waren richtig groß und sahen gefährlich aus. Im nahe liegenden Park waren die Hunde oft nicht angeleint, und ihre Besitzer waren häufig nicht zu sehen. An einem Tag, wir spielten Fußball, da tauchte plötzlich ein herrenloser Schäferhund auf und kam direkt auf mich zu. Ich bekam totale Panik und wollte wegrennen. Der

Hund war jedoch schneller und biss mich in die Kniekehle. Heute glaube ich, es war mehr ein Zwicken als ein Beißen. Damals tat es hingegen ungeheuer weh und ich brüllte lauthals vor Schmerzen. Da tauchte der entsetzte Hundebesitzer auf. Er sah sich die leicht blutende Bisswunde an, entschuldigte sich bei mir und wollte mit zu meinen Eltern kommen. Da sie nicht zu Hause waren, lehnte ich aber ab. Daraufhin schrieb er mir seine Adresse auf, falls noch irgendetwas nachträglich mit meinem Bein passieren sollte. Er machte sich richtig Sorgen um mich und versuchte mir noch beizubringen, wie ich mich bei meiner nächsten Begegnung mit einem Hund verhalten sollte: stehen bleiben und die Hände hinter dem Rücken verschränken. Seitdem war meine Angst vor Hunden noch viel größer, aber ich befolgte den Rat und wurde nie wieder gebissen. Meistens bin ich allerdings schon vorher den größeren Hunden ausgewichen, sodass eine Standprobe gar nicht erst notwendig wurde.

Trotz der prekären Versorgungslage und der damit verbundenen Zuteilung von Lebensmitteln mussten wir nicht hungern, auch wenn am Monatsende die Haushaltskasse der Eltern immer sehr knapp, meist sogar völlig leer war. Dann wurden eben Stullen mit Margarine, Schmalz oder nur mit Marmelade bestrichen. In dieser Zeit lebte man dann ‚auf Pump', entweder mit Geld vom Nachbarn oder von befreundeten Familien. Sehr viel verdient wurde ja nicht, die normalen Löhne und Gehälter waren einfach zu niedrig. Nach dem Lohntag war häufig ein Teil des Einkommens schon wieder weg, und so vollzog sich der immerwährende Kreislauf, ohne dass Schulden abgebaut werden konnten. Einmal stand sogar der Gerichtsvollzieher vor unserer Tür und wollte unsere Wertsachen pfänden. Dazu gehörten die gesamten Möbel und der Teppich im Wohnzimmer. Alles war auf Kredit gekauft und meine Eltern lagen im Rückstand. Der gute Mann klebte also seinen Kuckuck unter den Teppich und an einige Möbel. Aber zur Zwangsvollstreckung kam es glücklicherweise nicht.

Während Kinder heutzutage großen Wert auf Markenkleidung legen, interessierte uns das kaum. Hauptsache, wir hatten wettergerechte Sachen an und konnten uns auch mal richtig dreckig machen. Überwiegend mussten wir gebrauchte und ausgebesserte Kleidung auftragen. Ein Problem gab es bei den Schuhen, die waren immer zu klein für mich, denn ich lebte auf großem Fuß. Meine Oma nähte und änderte für alle ihre Enkelkinder Kleidungsstücke. Andernfalls wäre die Haushaltskasse in diesem Monat schon viel früher leer gewesen. Nein, zusätzliche Ausgaben waren einfach nicht drin.

Insgesamt gesehen war ich – bis auf einige unerfüllbare Wünsche – recht zufrieden und verlebte eine fast unbeschwerte Zeit. Ich liebte und schätzte meine wenigen Spielsachen, hatte aber auch geheime Träume, wie zum Beispiel ein Matchboxauto zu besitzen oder Cowboy- und Indianerfiguren aus dem Westen. Aber wir spielten sowieso fast immer auf der Straße, was aufgrund des geringen Autoverkehrs damals noch möglich war. Dabei ging auch schon mal eine Fensterscheibe zu Bruch und wir wurden verjagt. Schlimm war es, wenn wir erwischt wurden; dann mussten unsere Eltern für den Schaden aufkommen und es gab reichlich Ärger zu Hause. Besser war es da schon, sich im Sportverein ordentlich auszutoben. Wir waren richtig stolz auf unsere Trainingserfolge. Ein besonderer Höhepunkt war es, vor den Sportfreunden gelobt zu werden oder eine Urkunde zu bekommen. Pokale oder Medaillen gab es damals nicht. Durch den Sport wurden wir zudem von der Straße geholt und kamen weniger auf dumme Gedanken. Einige Jugendliche lungerten an den Straßenecken herum, hörten laute Musik aus dem Kofferradio und pöbelten manchmal auch ältere Leute an. Das waren, im Sprachgebrauch der Erwachsenen, die ‚Halbstarken'.

So verging meine Kinderzeit wie im Fluge. Übrig geblieben sind natürlich überwiegend gute Erinnerungen, alles andere wurde mit den Jahren aus dem Bewusstsein verbannt. Die Gründe für die vielen Kindertränen sind schon lange in Vergessenheit geraten. An eine ordentliche Tracht Prügel mit einem Lederriemen kann ich mich jedoch noch heute gut erinnern. Ich hatte heimlich ein teures Fahrtenmesser meines Vaters mit auf die Straße genommen. Damit wollte ich vor den anderen Jungen angeben, und ich tat natürlich so, als sei es mein Messer. Ein etwas älterer Junge fand es ganz toll und wollte es unbedingt haben. Er bot mir zum Tausch ein fast neues Matchboxauto an und redete lange auf mich ein, bis ich dem Tausch zustimmte. Das Messer war ich los und endlich war mein Traum von einem Machtboxauto in Erfüllung gegangen. Als mein Vater nach längerer Zeit sein Messer suchte, kam er natürlich gleich zu mir und wollte wissen, ob ich wüsste wo das Messer sei. Anfangs spielte ich den Ahnungslosen, aber unter weiterem Druck musste ich irgendwann mit der Wahrheit herausrücken. Mein Vater konnte es zunächst gar nicht fassen, wollte dann nur noch Name und Adresse des Jungen wissen. Wutentbrannt nahm er das Auto mit und tauschte es wieder gegen sein Fahrtenmesser aus. Als er dann wieder zu Hause war, bekam ich meine Prügel, und nicht zu knapp.

Für mich ist meine Kindheit als schönste Zeit einzustufen, trotz vieler Entbehrungen und einer strengen Erziehung, die mir aber überhaupt nicht geschadet hat.

Physik
E=M·C
Bio
Deutsch
Chemie

2 Zeit der Schule und der Ausbildung

In der Schule war ich ein ‚Spätzünder'. Bis zur fünften Klasse war meine Versetzung gefährdet und meine Eltern wurden regelmäßig von meiner Klassenlehrerin in die Schule bestellt. Mit strenger Kontrolle der Schulaufgaben und ausreichend Nachhilfe gelang es mir aber immer wieder, weiterzukommen. Eine gewisse Wende setzte dann Mitte der sechsten Klasse ein. Zuerst machte ich ordnungsgemäß alle Hausarbeiten, die ich zu achtzig Prozent auch von meinen Eltern kontrollieren ließ. Dann fing ich an, mich auf die täglichen Schulstunden vorzubereiten, indem ich den letzten Stoff wiederholte und mir auch schon den kommenden Unterrichtsstoff in den Lehrbüchern ansah. Auch für die Anfertigung von abgabepflichtigen Hausarbeiten und die Vorbereitung angekündigter Klassenarbeiten investierte ich viel mehr Fleiß und Zeit. Damit änderten sich meine Zensuren rasant, und eine mögliche ‚Ehrenrunde' war überhaupt kein Thema mehr. Ich wurde in den letzten drei Jahren der Grundschule zum absoluten Streber, zu einem der Mitschüler, die ich bisher nicht leiden konnte und immer belächelt hatte. Ich musste mich jedoch mächtig anstrengen, da mir das Wissen auf keinen Fall nur so zuflog. Ohne Fleiß kein Preis.

Zu bestimmten Anlässen wurde der Schulunterricht mit einen Fahnenappell eröffnet. Dazu gehörten Geburtstage der Pionier-Organisation, der FDJ, unserer Republik oder andere politische Ereignisse. Alle Klassen mussten auf dem Schulhof in Reih und Glied um den Fahnenmast antreten, die DDR-Fahne wurde gehisst und der Pioniergruß getätigt: „Seid bereit!" – „Immer bereit!" Natürlich mussten wir an diesen Tagen Pionier- oder FDJ-Kleidung tragen. Oft wurde ein Gedicht von einer Schülerin oder einem Schüler vorgetragen, danach hielt der Direktor eine meist längere Ansprache. Der Appell wurde abschließend wieder mit dem Pioniergruß beendet und alle Schüler und Lehrer marschierten geschlossen in ihre Klassen. Die Zusammenkunft wurde häufig auch genutzt, um Schüler zu loben oder vor der gesamten Schule zu tadeln. Einmal traf es auch zwei Klassenkameraden und mich. Das war für uns drei sehr peinlich und verfehlte nicht seine Wirkung. Am liebsten wären wir im Boden versunken! Wir hatten auf dem Weg zum Hort unsere Zerstörungswut walten lassen. Der Kopf war dabei ausgeschaltet. In einem zum Abriss freigegebenen Schrebergarten, der Wohnungsneubauten weichen sollte, hatten wir in einer offen stehenden Laube einiges an Porzellan zerschlagen und in den Vorgarten geworfen. Dabei wurden wir natürlich erwischt und der Schule gemeldet.

Als DDR-Schüler waren wir teilweise auch in der Pionierarbeit aktiv. In der Regel mussten wir Flaschen und Altpapier sammeln; das Geld ging in die Klassenkasse. Irgendwann wurde es dann im Rahmen eines Klassenausflugs wieder ausgegeben. Ab und zu gingen wir auch auf eigene Faust Wertstoffe sammeln. Von dem Geld kauften wir uns Kuchen oder Süßigkeiten. Einige Klassen wurden auch für ihre gute Pionierarbeit ausgezeichnet und durften einen Monat im Pionierlager am Werbellinsee, im Norden Berlins, verbringen. Dort waren auch einige Kindergruppen aus dem Ausland untergebracht. Sie kamen sowohl aus dem sozialistischen als auch aus dem kapitalistischen Ausland, auf Einladung unseres Staates. Während man ihnen zeigte, wie schön es bei uns war und wie sorgenfrei unsere Kinder lebten, waren die DDR-Kinder dort nicht in den Ferien, sondern mussten täglich zur Schule gehen und den ganzen Tag und auch die Nacht gemeinsam verbringen. Jeden Tag, mit Fahnenappell, Wandern in der Natur, Sporttreiben, Basteln und Vorträgen von ‚alten Kommunisten'. Bisweilen gab es auch Freundschaftstreffen mit den ausländischen Kindern. Ich weiß so gut darüber Bescheid, weil mein Bruder mit seiner Klasse einmal dort war und ich ihn an einem Wochenende mit unseren Eltern besuchen durfte. Ehrlich gesagt, war ich wirklich etwas neidisch auf ihn.

Schon vor Abschluss der achten Klasse, noch in der Grundschule, wurden wir in den Kreis der Erwachsenen aufgenommen. Sehr verbreitet war die Jugendweihe, die in den Schulen vorbereitet wurde. Zu dieser Feier wurde, wie heute, die ganze Verwandtschaft eingeladen, nur dass die Geschenke zu meiner Zeit wesentlich kleiner ausfielen. Ich bekam meine erste Armbanduhr, es war ein Präsent des Betriebes, in dem mein Vater arbeitete. Sie war mein ganzer Stolz. An alle anderen Geschenke kann ich mich nicht mehr erinnern. Aber daran, dass wir heimlich unsere erste Zigarette rauchten und uns vom Alkohol übergeben mussten.

Kurze Zeit später wechselte ich die Schule, um das Abitur zu machen. Das war eigentlich so nicht geplant, ich wurde förmlich dazu gedrängt. Treibende Kräfte waren meine Eltern, aber auch die Lehrer der Grundschule waren der Meinung, ich hätte das Zeug dazu und sollte die Chance unbedingt nutzen. Da meine Eltern Angestellte waren, gehörte ich zwar nicht zu den Arbeiterkindern, für die ein höherer Bildungsabschluss vorgesehen war. In diesem Jahr gab es aber wohl genug freie Plätze. Mein Bruder hatte dagegen mit der achten Klasse das Thema Schule abgeschlossen und war froh, eine Lehre beginnen zu können. Vor allem verdiente er endlich sein eigenes Geld, wenngleich es während der Lehrzeit nur aus einem kleinen Taschengeld bestand. Für mich standen zwei Modelle zur Auswahl: das Abitur mit Berufsausbildung oder umgekehrt. Mit der ersten Kombination konnte ich mich anfreunden. Nach vier Jahren einen Schul- und gleichzeitig einen Berufsabschluss zu haben, hörte sich gut an. Sollte es mit dem Studium nicht auf Anhieb klappen, konnte man in seinem Beruf arbeiten und erst einmal Geld verdienen.

Das Arbeiten war in der DDR erste Bürgerpflicht. Jeder bekam eine Stelle, einigen wurde sie auch zugewiesen. Leider konnten in den seltensten Fällen Berufswünsche erfüllt werden. Über die Wahl des Studienfachs machte ich mir damals noch keine Gedanken. Beruflich hatte ich mich schon ein wenig festgelegt, und zwar auf den Bereich der Chemie, da mich das Fach wirklich sehr interessierte. Ich besaß nämlich einen Chemiebaukasten, mit dem man viel experimentieren konnte. Einiges ging dabei auch daneben und hinterließ in unserer Wohnung sichtbare Schäden an Wand und Decke. Meine Eltern waren davon nicht begeistert, und ich musste die Schandflecke wegschrubben und anschließend mit weißer Farbe übertünchen. Es gab schon einige Ausbildungsangebote, die irgendwie mit Chemie zu tun hatten. Der Ausbau der Chemieindustrie sollte ja in der DDR planmäßig vorangetrieben werden.

Leider wurde der Umweltschutz weder ernst genommen noch planmäßig verfolgt. So wurden nicht nur die Wälder belastet und die Luft verpestet, sondern auch viele Flüsse stark verseucht.

Bei der Berufswahl musste ich mich natürlich hinten anstellen. Wie so oft, ging man alphabetisch vor, und aufgrund meines Familiennamens bekam ich erst sehr spät einen Termin bei der Berufsberatung. Die tollen Berufsausbildungsplätze bei »Berlin-Chemie« in Adlershof, ganz in meiner Nähe, waren schon vergeben. So musste ich mich notgedrungen mit dem „Facharbeiter für Technische Kohle“ in Lichtenberg begnügen und auch dort die erweiterte Oberschule (EOS) besuchen. Damit musste ich nun täglich weite Fahrstrecken zurücklegen, denn ich wohnte ja in Niederschöneweide, noch dazu ziemlich weit vom Bahnhof entfernt. Bisher war ich in etwa zehn Minuten gemütlich zur Schule geschlendert.

Der Ausbildungsbetrieb in der Herzbergstraße war so dreckig, dass man schon kurz nach dem Betreten des Werkes schwarze Hände hatte. Alles war mit einer dicken Schicht Kohlenstaub versiegelt. Es war also eine richtige ‚Dreckbude', in der technische Kohle bearbeitet wurde. Zu den Produkten gehörten unter anderem Kohlebürsten für Elektromotoren, Kohleelektroden für die Stahlschmelze und Kohleheizstäbe für Muffelöfen. Wegen der Berufsbezeichnung, die sich wirklich etwas seltsam anhörte, wurden wir oft gefragt, was wir dort eigentlich machten. Unsere Antwort war immer die gleiche: „Wir putzen Kohlen und schaufeln Wind um die Ecke." Aber rückblickend war es gar nicht so schlimm. Die Ausbildung war sehr vielseitig. In den vier Jahren durchliefen wir verschiedene Ausbildungskabinette, mussten feilen ‚bis der Arzt kommt', drehen, fräsen und hobeln an uralten Maschinen, uns mit Elektrotechnik befassen und eine längere Zeit im Chemielabor verbringen. Auch Einsätze in der Produktion fanden regelmäßig statt, meist am Sonnabend, denn 1964 musste man ja noch sechs Tage die Woche malochen. Von Montag bis Freitag gingen wir zur Schule. Um zum Lehrbetrieb zu gelangen, war ich vom Bahnhof Schöneweide mit der Straßenbahn 69 fast eine Stunde unterwegs. Zur Schule ging es nur mit der S-Bahn bis Ostkreuz und dann in Richtung Nöldnerplatz oder Rummelsburg.

Mit dem Beginn der Oberschule waren wir alle automatisch Mitglieder der FDJ und mussten uns selbst ein Blauhemd kaufen oder ein abgelegtes besorgen. Ob es eine Wahlmöglichkeit gab oder direkt Pflicht war, daran kann ich mich nicht mehr erinnern, aber ich hatte anfangs kein Problem damit. Aufgrund meiner bisherigen Erziehung erschien es mir als ziemlich normal. Nach der Pionierzeit in der Grundschule waren wir nun in der FDJ organisiert und später sollte die Partei folgen. Es wurde einem ja vorgelebt und man ahmte es einfach nach. In der Klasse wurde ein

Gruppenrat gewählt und wir mussten zahlreiche Pflichtveranstaltung über uns ergehen lassen. Vieles lief sehr zähflüssig und zwanghaft ab, häufig von oben aufgedrückt. Wie beispielsweise das FDJ-Studienjahr über Marxismus-Leninismus und andere verstaubte Themen. Es wurde im Kollektiv abgelegt und endete mit dem »Abzeichen für gutes Wissen«. Die Teilnahme war Pflicht, schließlich waren wir die ‚Auserwählten', die Abitur machen durften und später studieren konnten. Eines der nervigsten Schulfächer war für mich Staatsbürgerkunde; wir nannten es unsere wöchentliche ‚Rotlichtbestrahlung'. Auch dort mussten wir die alten Klassiker Marx, Engels und Lenin lesen und jedes Plenum, jeden Parteitag und viele Reden aus dem »Neuen Deutschland« besprechen. Ich hatte dabei immer große Schwierigkeiten mit dem Verständnis des Gelesenen, vor allen Dingen mit dessen Wiedergabe in eigenen Worten. Mir wollte das einfach nicht so richtig von der Zunge gehen. Schon allein die Titel unserer führenden Politiker waren sehr schwer zu behalten. So war Walter Ulbricht »Erster Sekretär des Zentralkomitees der Sozialistischen Einheitspartei Deutschland und Staatsratsvorsitzender der Deutschen Demokratischen Republik«. Auch die Artikel im »Neuen Deutschland«, dem Sprachrohr der SED, waren für mich böhmische Dörfer. Am Ende eines Satzes wusste man oft nicht mehr, was eigentlich am Anfang stand, und damit konnte sich mir der Sinn des gesamten Satzes häufig nicht erschließen. Aber vielleicht war ich ja einfach zu blöd dazu ... Im Unterricht versuchten wir dann, die Texte zu interpretieren. Das bereitete mir schon im normalen Deutschunterricht Probleme. Mir fehlte häufig die Fantasie für mögliche Deutungen, und ich konnte oft nur darüber staunen, was die Dichter am Ende aussagen wollten oder ihnen untergeschoben wurde. Die Schule spielte jedenfalls wieder eine untergeordnete Rolle; hier wurde nur so viel wie nötig investiert.

Viel leidenschaftlicher widmete ich mich mehrmals wöchentlich dem Sport, speziell dem Rudern. Zuvor hatte ich viele Jahre Leichtathletik in fast allen Disziplinen trainiert und dabei meine ersten Sportschuhe von Adidas bekommen, die es bei uns nicht zu kaufen gab: Ich hatte bei den Berliner Hallen-Leichtathletik-Meisterschaften 1965 in der Dynamo-Sporthalle beim Hochsprung der Altersklasse der Jugend A den 3. Platz belegt. Danach wurde ich von zwei Trainern angesprochen und zu einem Probetraining nach Hohenschönhausen, zu »Dynamo Berlin«, eingeladen. Nach dem zweiten Trainingstag bekam ich dann feierlich blaue, ganz leichte Sportschuhe mit den berühmten drei weißen Streifen überreicht. Die waren wirklich nicht mit unseren schweren und steifen Turnschuhen zu vergleichen. Mann, war ich stolz auf die Dinger; ich schwebte fast über die Aschenbahn. Leider war mein Probetraining nicht von langer Dauer und ich kam zurück in meine alte Trainingsgruppe nach Adlershof. Heute vermute ich, dass ich trotz gewisser körperlicher Voraussetzungen für den Hochsprung viel zu unbeweglich war. Außerdem diagnostizierte man bei mir einen zu schweren Knochenbau. Ich wurde schnell wieder aussortiert, da man keine leistungssportliche Perspektive für mich sah. Die Schuhe durfte ich zum Glück behalten.

Das sogenannte fröhliche Jugendleben machte ebenfalls richtig Spaß, vor allem, wenn Musik mit im Spiel war. Die aufkommende Protestsongwelle ging natürlich nicht an uns vorbei. Ganz vorn standen Bob Dylan, Joan Baez, Pete Seeger und andere Folkmusiker aus den USA, die zum Kampf gegen Krieg und die Missstände dieser Welt aufriefen. Aber auch bei uns entwickelte sich eine Liedermacherbewegung, die diese Songs anfangs nachspielte, später selbst welche komponierte. Daraus entwickelte sich dann über die FDJ der »Oktoberklub«, ein Singeklub mit eigenen Songs, die aber weniger auf Protest ausgerichtet waren, sondern an die Jugend appellieren sollten, gemeinsam mit Freude den

Sozialismus aufzubauen. Gesellschaftskritische Texte waren da nicht erwünscht und wurden sehr schnell verboten, wie der Fall Wolf Biermann gezeigt hat. Insgesamt erfolgte jedoch eine Auflockerung der FDJ-Bewegung. Gemeinsam Musik zu machen verband und fand großen Zuspruch. Nun wurden nicht mehr die alten, verstaubten Arbeiterlieder gesungen, aber auch viele der neuen Texte gefielen mir überhaupt nicht.

Ich traf mich oft mit Freunden und wir gingen an den Wochenenden gemeinsam zum Tanz in die verschiedenen Klubs oder Gaststätten. Häufig waren wir im »Eisenbahner« in Karlshorst, einem Klubhaus der Reichsbahn. Weitere Lokale, die wir häufig aufsuchten, waren in Bohnsdorf, Mahlsdorf, am Orankesee, in Hirschgarten oder später der Studentenklub am Ostbahnhof. Dort spielten bekannte und beliebte Amateur-Livebands. Ein besonderer Treff unserer Clique war die »Mokka-Milch-Eisbar«, gegenüber dem »Cafe Moskau«. Von dort ging es zu den angesagten Partys, immer dann, wenn jemand sturmfreie Bude hatte. Zu dieser Zeit wohnten wir alle noch bei unseren Eltern; nur wenige ältere Freunde hatten schon eine eigene Bude. Meine schulischen Leistungen waren nicht die besten, denn zum Lernen blieb nicht mehr viel Zeit. Ich bewunderte natürlich die, die in allen Fächern den totalen Durchblick hatten. Aber wie gesagt, ich wurstelte ich mich irgendwie durch, um wenigstens die beiden Abschlüsse zu schaffen. Aufzugeben kam nicht infrage, und nach den Zensuren fragte irgendwann keiner mehr.

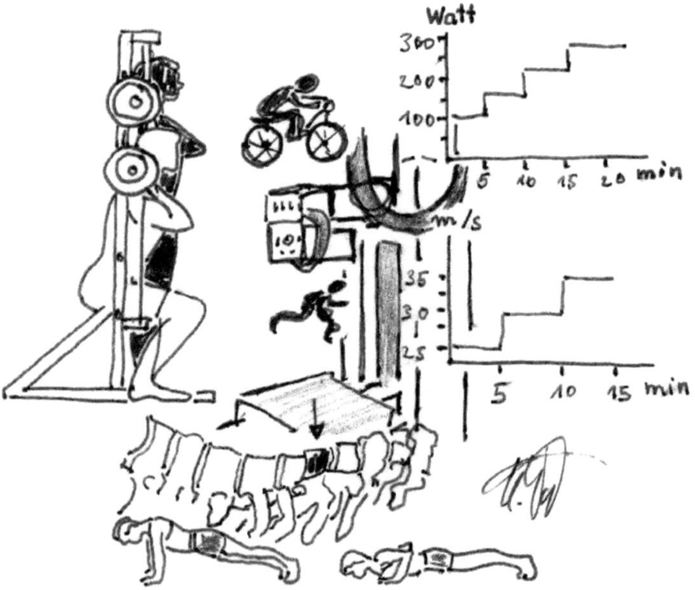
Watt
300
200
100
5 10 15 20 min
m/s
35
30
25
5 10 15 min

3 Zeit des Tests in Rostock

Seit Anfang der zehnten Klasse ruderte ich beim »ASK Berlin« in Grünau. Einige Freunde aus meiner Straße hatten mich einmal zum Training mitgenommen, und ich war sofort Feuer und Flamme für die Sportart. Zu diesem Zeitpunkt wurde gerade dringend Nachwuchs im Juniorenbereich gesucht. In der Trainingsgruppe ging es um Mannschaftssport in kleinen Gruppen; gefahren wurden die Bootsklassen vom Zweier und Vierer mit und ohne Steuermann. Ab und zu wurde auch im Achter trainiert, wir hatten aber keine schlagkräftige Mannschaft für diese Bootsklasse. Wir ruderten überwiegend nur mit einem Ruder – Riemen genannt –, im Gegensatz zum Skullboot, bei dem zwei Ruder bedient werden und die Bootsklassen Doppelzweier und Doppelvierer heißen.

Das Training war sehr vielseitig. Die gesamte Muskulatur wurde beansprucht und man fühlte sich stark wie ein Bär, besonders wenn man aus dem Kraftraum kam. Die Trainingsfahrten mit dem Team über die Berliner Seen machten unheimlich Spaß und man war stolz, zur Mannschaft zu gehören. Auch die Wettkämpfe in Halle und Dresden, in Rostock auf der Warnow oder auf der hauseigenen Regattastrecke in Grünau waren ein ganz tolles Erlebnis. Zu den absoluten Höhepunkten zählte eine Übung, bei der wir blind im Achter über den Müggelsee ruderten. Bis auf den Steuermann trugen alle schwarze Augenbinden. Es ging um die Entwicklung des richtigen Gefühls im Bewegungsablauf zum Vordermann, um das blinde Verständnis aller Sportfreunde untereinander.

Mit der Zeit wurde die Trainingsintensität erhöht und wir trafen uns dreimal pro Woche. An den Wochenenden waren wir ohnehin meist im Bootshaus oder fuhren auf Regatten. Ja, wir spielten ernsthaft mit dem Gedanken, Profis zu werden. Eines unserer großen Ziele war die Qualifikation für die Jugendregatta in Turin. Wie allgemein bekannt, war das eine der Möglichkeiten, als DDR-Bürger einmal ins westliche Ausland zu gelangen. Trotz des enormen Trainingsaufwands zerplatzte dieser Traum für einige von uns, mich eingeschlossen. Der Grund war ein umfangreicher Test beim ASK in Rostock. Unsere konditionellen Voraussetzungen und das Konzentrationsvermögen wurden in zahlreichen Tests geprüft, Letzteres mittels des sogenannten Pauli-Tests. Auch unser Lungenvolumen wurde kontrolliert, man führte ein Langzeit-EKG unter verschiedensten Belastungsbedingungen durch und erstellte Röntgenbilder der Wirbelsäule. Nach drei Tagen fand ein persönliches Gespräch statt, in dem die Ergebnisse aller Tests mitgeteilt wurden. Die Kommission bestand aus Ärzten, Trainern und Sportfunktionären. Meine Auswertung endete in einer Katastrophe: Aus akuten gesundheitlichen Gründen wurde mir der Leistungssport verboten! Mir wurde sogar geraten, völlig mit dem Rudersport aufzuhören. Beim Röntgen hatte man Schäden an meiner Brustwirbelsäule festgestellt. Einer meiner Brustwirbel, hieß es, sei stark beschädigt, vermutlich durch die starke Belastung beim Sport in der Wachstumsphase. Für mich brach eine Welt zusammen. Das Rudern und die damit verbundene Hoffnung auf eine sportliche Laufbahn waren auf einen Schlag Geschichte. Ich fiel zunächst in ein tiefes Loch, hatte zu nichts mehr richtig Lust und brauchte sehr lange, um mich aus diesem Tief wieder herauszuziehen. Aber das Leben musste ja weitergehen. Das Eigenartige war, dass ich den Schaden körperlich überhaupt nicht spürte. Ich bekam auch die Röntgenbilder nicht zu Gesicht. Aber irgendetwas muss der Wahrheit entsprochen haben, da ich viele Jahre später aufgrund dieser Befunde vom aktiven Wehrdienst ausgeschlossen wurde.

Einem meiner Sportfreunde ging es ähnlich wie mir; er musste ebenfalls aus gesundheitlichen Gründen das Rudern aufgegeben.

Bei ihm war es das Augenlicht, das unter weiteren hohen Belastungen stark beeinflusst worden wäre, bis zum Eintreten der Blindheit. Aber es gab auch Sportfreunde, bei denen die Voraussetzungen für den Leistungssport gegeben waren. Einige von ihnen fuhren dann wirklich zu den Juniorenwettkämpfen in Italien. Zwei wurden sogar Weltmeister und Olympiasieger in einer Bootsklasse. Ich verfolgte natürlich ihre Wettkämpfe sehr interessiert, da ich sie durch das gemeinsame Training persönlich kannte. Manchmal stellte ich mir die Frage, was wohl aus meiner sportlichen Laufbahn geworden wäre, hätte ich in Rostock einen positiven Bescheid erhalten? Mit dem aktiven Sport im Verein war vorerst Schluss, aber ohne ging es später dann auch nicht.

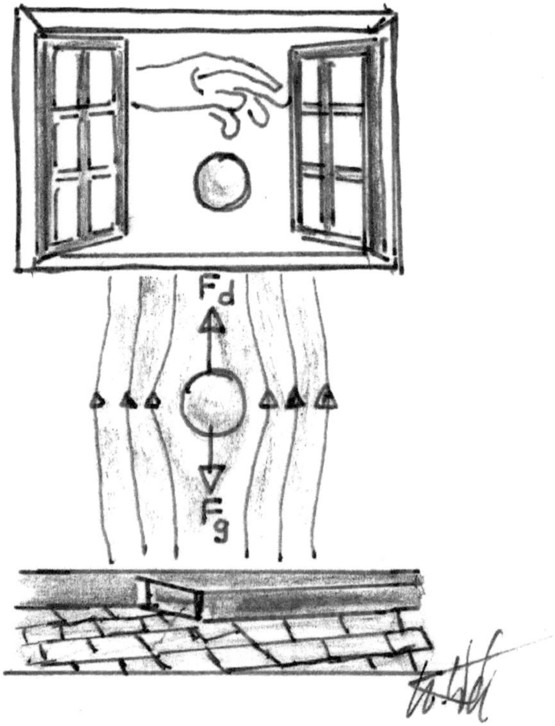
Fd
Fg

4 Zeit der Prüfung

Leider nutzte ich nun die freie Zeit nicht für die Schule, sondern verlegte mich mehr aufs Ausgehen, feierte Partys oder hing mit Freunden ab. Trotzdem bestand ich im Mai 1967 die Abiturprüfungen. Nach insgesamt zehn Stunden schriftlichen Prüfungen in Deutsch und Mathe konnte ich jedoch meine Vornoten, die ‚Eins des kleinen Mannes', nicht halten und musste in beiden Fällen eine schlechtere Zensur auf meinem Abschlusszeugnis hinnehmen.

Als mündliche Pflichtprüfung erwartete mich das Fach Physik mit einem breiten Spektrum an Themen. Da ergab sich die Frage, worauf man sich beim Lernen konzentrieren sollte. Ich quälte mich unerbittlich durch den Stoff, bis ich aufgab und auf ein halbwegs verständliches Thema hoffte. Die Prüfung lief dann aber weit besser als befürchtet. Es ging um die praktische und theoretische Auseinandersetzung mit dem freien Fall. Hier kam die Erdbeschleunigung ins Spiel, da wusste ich Bescheid und konnte so wenigsten eine der Vornoten bestätigen. Für die praktische Ausführung standen ein Bandmaß, eine Hartgummikugel, eine Waage und eine Stoppuhr zur Verfügung. Ich musste das Gewicht der Kugel ermitteln, sie aus dem Fenster der ersten Etage fallen lassen und die Zeit bis zum Aufprall stoppen. Anschließend galt es, mit dem Bandmaß die Fallhöhe zu bestimmen, und schon hatte man das gewünschte Ergebnis.

Die berufliche Abschlussprüfung konnten wir dagegen viel ruhiger angehen, da innerhalb der letzten vier Jahre schon der größte Teil der Fächer prüfungsmäßig abgeschlossen war. Als anstrengend erwies sich nur die schriftliche Hausarbeit, in der man sein Thema auf mehr als 15 handschriftlich verfasste DIN-A4-Seiten strecken musste. Eine besonders große Handschrift oder einige

Leerzeilen hätten da geholfen, aber leider waren die Formalien genau vorgeschrieben. Die Zeichnungen mussten selbstständig angefertigt werden und der Text musste leserlich mit der Hand geschrieben werden. Sogar die Art der Papierbögen wurde vorgegeben. Aber die Mühe lohnte sich. Am Ende hielt ich die Reifeprüfung und ein Facharbeiterzeugnis in der Hand. Interessant war dabei auch die persönliche Beurteilung auf dem Abiturzeugnis. Bei mir stand ziemlich am Ende folgender Satz: „Auf ideologisch-politischem Gebiet muss Uwe seine Interessen merklich erweitern und sich weiterhin um eine klare politische Grundhaltung bemühen."

Der Abschluss wurde wie üblich mit einem Abiball begangen. Ich glaube, die Planung der Feierlichkeit erfolgte durch die Schule. Man hatte in Grünau irgendein Bootshaus mit Gaststätte und großem Saal gemietet. Die Musikkapelle für den Abend kam mit dem Dampfer der weißen Flotte aus Treptow. Sie bestand aus sechs alten Männern mit Bass, Gitarre, Trompete, Saxofon, Geige und Schlagzeug. Die Musik war dementsprechend – eine Mischung aus Schlager- und Volksmusik, wie im »Musikantenstadl«. Trotzdem war irgendwann die Tanzfläche voll. Neben der eigenen Klasse feierten noch weitere Parallelklassen ihren Abschluss. So lernte man die vielen Gesichter näher kennen, denen man bisher nur flüchtig begegnet war. Auch unsere Lehrerschaft war zahlreich vertreten und beobachtete unser Treiben, ohne groß einzuschreiten. Eigentlich ließen sie uns freien Lauf, auch das Rauchen und Alkoholtrinken wurde weitestgehend toleriert. Ob auch Eltern zu Gast waren, daran kann ich mich nicht mehr erinnern; meine waren auf jeden Fall nicht dabei. Zu fortgeschrittener Stunde verlegten wir Abiturienten die Feier nach draußen an den benachbarten Strand. Wir nahmen unsere Getränke mit und saßen in Gruppen im Gras oder im Sand, rauchten, tranken und quatschten miteinander. Hauptsächlich zogen wir über unsere Lehrer her. Abseits bildeten sich auch Pärchen, die knutschten und fummelten. Ziemlich zum Schluss gingen fast alle gemeinsam nackt baden. Um 24 Uhr wurde die Feier pünktlich beendet und es gab keine Getränke mehr, die Hähne wurden einfach hochgedreht. Für die Zeit danach brauchte man eine polizeiliche Ausnahmegenehmigung. Außerdem fuhren nachts zwischen 2 und 4 Uhr keine S-Bahnen mehr. Damit war die Schulzeit also offiziell vorbei und wir gingen auseinander.

Danach habe ich längere Zeit keinen meiner Mitschüler wiedergesehen. Die meisten hatten gleich mit dem Studium begonnen oder waren bei der Nationalen Volksarmee (NVA). Für die Verpflichtung zu drei Jahren Wehrdienst wurde einem schon mal ein sicherer Studienplatz versprochen. Besonders bei begehrten Studienfächern wurde diese Variante häufig genutzt. Da ich noch keine konkreten Vorstellungen hatte, warteten auf mich erst einmal die Ferien.

VEB
Labor

5 Zeit der ersten Arbeitsstelle

Eigentlich sollte mein Arbeitsleben erst nach den großen Ferien beginnen, das heißt ab September 1967. Mein Versuch, einen Studienplatz an der Humboldt-Universität zu bekommen, war leider gescheitert. Ich wollte irgendetwas mit Sport machen und hatte mich als Sportlehrer beworben. Mir schwebte eine Trainerlaufbahn für Leichtathletik oder Rudern vor. Über den Sportlehrerberuf wollte ich langsam in dem Bereich Fuß fassen; ich hatte ja genug Vorbilder durch meinen aktiven Sport. Ein zweiter Weg, dieses Ziel zu erreichen, lief über ein Direktstudium an der Deutschen Hochschule für Körperkultur (DHfK) in Leipzig. Aber ich wollte unbedingt in Berlin bleiben.

Neben dem Sportunterricht musste noch ein zweites Fach belegt werden. Ich hatte mir Geschichte ausgewählt. Zu meinem großen Erstaunen wurde ich sogar zur Aufnahmeprüfung eingeladen. Der sportliche Teil der Prüfung fand in einer Außenstelle der Uni in Alt Stralau statt und lief ganz gut über die Bühne, vor allem in den leichtathletischen Disziplinen und den Ballspielarten. Beim Geräteturnen sah es nicht so gut aus, besonders das Bodenturnen war miserabel. Hier sollte spontan eine Kür mit vorgegebenen Elementen präsentiert werden, mit Vorwärts- und Rückwärtsrolle, Standwaage, Handstand und Radschlagen. Ich sprang herum wie ein hölzernes Pferd. Trotzdem wurde ich einige Tage später zum mündlichen Gespräch eingeladen. Nach einer zwanglosen Unterhaltung über den Studienwunsch und einigen sportorganisatorischen Fangfragen ging man zum zweiten Unterrichtsfach über. In meinem Fall, wie gesagt, war es Geschichte. Man fragte mich: „Was halten Sie von Mao und der Kulturrevolution in China?“ Da hatten sie mich auf dem falschen Fuß erwischt. Wir waren in unserer Clique fast alle Mao-Anhänger und hatten die Mao-Bibel

»Das kleine Rote Buch« mehr oder weniger genau gelesen. Mit diesem Wissen ausgestattet hatte ich natürlich Probleme. Wie sollte ich nun die richtigen Worte finden, die die Prüfer von mir hören wollten? Meine sehr schwammigen und auch widersprüchlichen Ausführungen sorgten für verständnislose Gesichter – mein Vortrag voll in die Hose gegangen. Nach einer recht kurzen Wartezeit teilte mir die Prüfungskommission mit, dass ich aus ihrer Sicht nicht in der Lage sei, junge sozialistische Bürger zu erziehen. Man empfahl mir wärmstens, doch lieber ein Studium im technischen Bereich aufzunehmen. Aus heutiger Sicht muss ich eingestehen, dass sie vollkommen recht hatten. So war das Thema Studium vorerst gestorben.

In den ersten zwei Ferienwochen war ich fast täglich ‚auf Achse'. In den Augen meiner Eltern war das kein normaler Lebenswandel. Ich war kaum zu Hause, kam meist erst spät in der Nacht oder am nächsten Morgen und wollte ständig Geld von ihnen haben. Da platzte meinem alten Herrn der Kragen und er bestand darauf, dass ich arbeiten gehen sollte, um eigenes Geld zu verdienen. Außerdem sei unser Zuhause kein Hotel, in dem man kommen und gehen könne, wie man lustig sei. Eine gewisse Ordnung und Rücksichtnahme, hieß es, habe jeder an den Tag zu legen. Meine Eltern wollten natürlich auch wissen, was ich den Tag über und des Nachts so treiben würde, sie machten sich ja schließlich Sorgen, wie die meisten Eltern. Da ich mit eigenem Geld auch ordentlich Urlaub machen konnte, willigte ich schließlich ein.

Also fuhr ich an der darauffolgenden Woche mit meinem Vater zu einem Betrieb; ich hatte meinen Eltern lange genug auf der Tasche gelegen. Nach zwölf Jahren Schulzeit sollte ich nun endlich in die Arbeitswelt eintauchen. Vorbei war die schöne Zeit des Gammelns, wie man es damals nannte. Früher war das eine Berufung, als Gammler den ganzen Tag nichts zu tun. Müßiggang war aber in unserem Arbeiter- und Bauernstaat unter Strafe verboten. Es gab daher auch keinerlei Probleme mit einem Arbeitsplatz und ich konnte sofort in einem Prüflabor des Werks als Laborant anfangen.

Die größten Schwierigkeiten bereitete mir anfangs die lange Arbeitszeit von fast neun Stunden. Sie wollte einfach nicht vergehen, ständig musste ich zur Uhr schauen. Die Zeiger bewegten sich zu langsam vorwärts und eine Arbeitswoche zog sich sagenhaft in die Länge, besonders in der Zeit zwischen Montag und dem Wochenende … Am besten war eigentlich der Zahltag. Einmal im Monat kam unsere Sekretärin ins Labor und verteilte die begehrten Lohntüten. Ja, man bekam das Geld förmlich in die Hand gedrückt, musste es zählen und danach den Erhalt in einer Liste mit seiner Unterschrift bestätigen. Von meinem ersten Lohn kaufte ich mir mein erstes eigenes Radio. Zu Hause musste ich natürlich auch Kostgeld abdrücken, sodass am Ende nur ein kleines Taschengeld übrig blieb. Der Verdienst lag damals in der Regel weit unter dem heutigen Mindestlohn von 8,50 Euro pro Stunde. Ich glaube, mein Stundenlohn betrug circa 1,25 Mark der Deutschen Notenbank.

Meine Arbeit bestand in erster Linie aus einfachen Analysen von Werkstoffen, die verarbeitet oder hergestellt wurden. Es hatte schon sehr viel mit Chemie zu tun und war auch nicht ganz ungefährlich. Der Arbeitsschutz wurde jedoch nicht gerade großgeschrieben. Einiges war schon gesundheitsschädigend, wie zum Beispiel das Einatmen von heißen Tri-Dämpfen, die – wie viele andere Substanzen – später als stark krebserregend eingestuft wurden und daher heute nicht mehr zum Einsatz kommen. Auch mit aggressiven Säuren und Laugen hantierten wir häufig, und man konnte sich schnell mal verätzen. Aber am schlimmsten war der feine Kohlenstaub, der durch alle Ritzen eindrang und sich sofort auf Kleidung und Haut absetzte. Insgesamt war ich zwölf Stunden täglich außer Haus, wenn man die Arbeits- und Fahrzeit zusammenrechnet. Glücklicherweise musste ich im Labor aber keine Schichtarbeit leisten, was schon ein großer Vorteil war. Zumal in den meisten Bereichen Dreischichtarbeit üblich war. Jeden Morgen früh aufzustehen kostete indes große Überwindung, aber es musste eben sein. Am Anfang redete ich mir ein, für diese Art der Arbeit nicht geschaffen zu sein. Aber mit der Zeit ging alles schneller von der Hand und wurde zur Routine. Die einzelnen Analysen wiederholten sich fast täglich, aber es kamen auch häufig neue Aufgaben hinzu. Ich hatte auf einmal das Gefühl, dass die Zeit nicht mehr so schleppend vorüberging. Natürlich wurde auch der Kontakt zu den Kollegen immer besser. Neben der Arbeit wurde nun viel mehr gequatscht und wir legten häufiger kleine Raucherpausen ein. Besonders dann, wenn unsere Chefin nicht an ihrem Platz war, weil die Partei gerufen hatte. Eine Versammlung jagte die andere, und einmal im Monat wurde unmittelbar nach der Arbeit ein sogenanntes Parteilehrjahr abgehalten oder man führte kurze Agitationen durch. Wir nannten es auch hier ‚Rotlichtbestrahlung'.

Eines Tages sollte in unserer Abteilung eine FDJ-Gruppe gegründet werden. Eine Art Brigade waren wir schon. Mit Schulschluss hatte ich eigentlich meine aktive FDJ-Laufbahn abgeschlossen und nun sollte der ganze Zirkus wieder von vorn losgehen – wie gehabt, mit Versammlungen, Wandzeitungen und all den ‚interessanten' Dinge des sozialistischen Jugendlebens. Auch arbeitsmäßig sollten wir Verpflichtungen im Rahmen eines Wettbewerbs übernehmen. Nach erfolgreicher Erfüllung sollte es sogar Auszeichnungen geben, die merkwürdigerweise aber immer die anderen bekamen. Wir arbeiteten als sogenanntes Jugendkollektiv in unserer Abteilung zusammen und waren eine Vorstufe der späteren sozialistischen Brigaden. Solange die Aktionen während der Arbeitszeit stattfanden, war es halbwegs zu ertragen. Aber wir mussten auch einige Dinge nach Feierabend zusammen bestreiten. Es handelte sich dabei um ‚freiwillige Pflichtveranstaltungen', so wie die Demonstration am 1. Mai und zu anderen Gedenktagen. Wenn es anschließend zu einem gemeinsamen Restaurant- oder Kneipenbesuch kam, war die Welt einigermaßen in Ordnung. Bei ausreichend Alkohol kamen wir uns näher und am Ende war es meist eine gelungene Veranstaltung. Ob man uns gesprächig machen und aushorchen wollte, kam mir damals überhaupt nicht in den Sinn. Man hatte das Gefühl, dass alle offen miteinander redeten und ihre Meinung äußerten, ohne ein Blatt vor den Mund zu nehmen. Politische Themen wurden ohnehin nicht großartig diskutiert. Wir werteten hinterher höchstens den Trunkenheitsgrad aus, falls mal einer über die Stränge geschlagen hatte. Derjenige war dann für längere Zeit berühmt und musste den Spott der Kollegen über sich ergehen lassen.

Mit einer jüngeren Kollegin meines Alters hatte ich mich etwas angefreundet. Sie lud mich eines Tages auch zu einer Party in ihrem Ort ein. Das war aber meine einzige persönliche Bekanntschaft, die über die Arbeitswelt hinausging. An den Wochenenden traf ich mich weiterhin mit meinen Freunden und wir zogen um die Häuser, um irgendwo eine Party aufzuspüren, in einem Klub zu tanzen oder in einer Kneipe abzuhängen. Ein Jahr nach meinem Abitur arbeitete ich noch immer in demselben Labor. Doch es drängte mich nach einer Veränderung, und außerdem wollte ich unbedingt meine verpassten Ferien nachholen.

September
68
neue Arbeitsstelle
Budapest
Ferienurlaub
Prag
Kündigung

6 Zeit der Kündigung

Schon im Mai 1968 reifte mein Entschluss, mich beruflich zu verändern. Vor dem Antritt einer neuen Arbeitsstelle oder dem Beginn eines Studiums wollte ich jedoch erst einmal richtig Urlaub machen. Wie es arbeitsmäßig weitergehen sollte, war mir zu diesem Zeitpunkt eigentlich noch nicht ganz klar. Allerdings musste man vorsichtig sein, damit die längere Schaffenspause nicht nach hinten losging. Ohne jegliche Anstellung oder einen Arbeitsnachweis wäre ich vielleicht als Asozialer aufgegriffen und ins Arbeitslager gesteckt worden. So informierte ich mich zunächst in verschiedenen Betrieben, häufig aber erfolglos. Nach langem Suchen fand ich für Anfang September eine neue Stelle bei der Post in Berlin-Mitte. Nicht als Briefträger, sondern in der Werbung. Ich wollte möglichst im kreativen Bereich tätig sein. Vor allen Dingen sollte der Job auch Spaß machen und mich wirklich interessieren. Die Arbeitsaufgaben gingen in Richtung des heutigen Designs.

Eine zweite Veränderungsmöglichkeit bestand darin, in Erkner an der Fachschule für Chemie ein Studium aufzunehmen. Der Studienbeginn sollte Mitte bis Ende September 1968 erfolgen. Ich hätte also noch ausreichend Zeit gehabt, um die Arbeitsstelle wieder abzumelden, falls es mit dem Studium geklappt hätte. Meine Bewerbungsunterlagen für ein Direktstudium wurden vielleicht etwas zu spät eingereicht, trotzdem rechnete ich mir eine kleine Chance aus. Daher kündigte ich vorzeitig und beendete mein altes Arbeitsverhältnis Anfang Juli. Nun wollte ich erst einmal richtig auf Reisen gehen.

Wie viele Jugendliche auch, wollte ich etwas von der Welt sehen. Aber meine Möglichkeiten waren sehr stark eingeschränkt. Die Grenze war seit sieben Jahren endgültig zugemauert. Für uns gab es folglich nur eine Richtung: ins sozialistische Wirtschaftsgebiet (SW). Das nicht sozialistische Wirtschaftsgebiet (NSW) war für das normale Fußvolk ja unerreichbar. Doch selbst die Einreise in die Ostblockstaaten war nicht ohne Weiteres möglich.

1966 hatte mich ein Schüleraustausch bereits nach Warschau geführt. Die polnischen Schüler waren zuvor bei uns in Berlin zu Gast. Jeder konnte einen Gastschüler bei sich zu Hause aufnehmen, wenn er es wollte. Mein Gastschüler hieß Elżbieta und war ein Mädchen in meinem Alter. Wir haben uns sofort gut verstanden und auch mal geküsst. In Warschau waren wir allerdings zentral in einer Schule untergebracht. Ich hatte natürlich die Möglichkeit, Elżbieta auch zu Hause bei ihren Eltern zu besuchen. Leider war ich hinterher sehr enttäuscht, weil auch ihr fester Freund dort auftauchte … Trotzdem hatten wir noch einige erlebnisreiche Tage mit unseren polnischen Schulfreundinnen und -freunden. Wir waren auch zweimal im Kino und haben uns tolle Filme in Originalsprache angesehen, das heißt auf Englisch. Die Filme wurden nicht synchronisiert wie bei uns, sondern mit polnischen Untertiteln gezeigt. Zuerst sahen wir von Alfred Hitchcock den Film »Die Vögel« aus dem Jahr 1963, eine Mischung aus Drama, Horrorfilm und Thriller: In einer Kleinstadt kam es zu unerklärlichen Angriffen durch einen Schwarm aggressiver schwarzer Vögel, die den Menschen die Augen auspickten und sie sogar töteten. Es war ein richtig gruseliger Film, so etwas hatte ich zuvor noch nicht gesehen. Viel lustiger war dagegen der zweite Film: »Help!« aus dem Jahr 1965. Ein Musikfilm in Farbe, mit wenig Handlung aber viel Musik von den Beatles. Die meisten Songs hatten John Lennon und Paul McCartney komponiert, nur ein Titel – »I need you« – stammte von George Harrison. Beide Filme konnte man ohne große Englischkenntnisse gut verstehen, die polnischen Untertitel waren nur störend und verdeckten den unteren Teil der Leinwand. Was bei mir bis heute nicht in Vergessenheit geraten ist, war der große Ärger, den wir mit unserer stellvertretenden Direktorin bekamen, als wir Jungen recht angetrunken in die Schule zurückkehrten. Wir hatten mit den Polen in einem Partykeller mehrere Flaschen Rotwein geleert und an der frischen Luft erst gemerkt, dass wir einen ‚in der Krone hatten'. Ich glaube, wir erhielten sogar einen mündlichen Tadel.

Meine geplante Welterkundung beschränkte sich also auf die Tschechoslowakei und Ungarn. Für beide Reiseziele brauchte man ein Visum und etwas Geld in der Landeswährung. Beide Länder wollte ich unbedingt bereisen und kennenlernen. In der ČSSR hatte ich zudem eine Brieffreundin, die ich auf jeden Fall einmal besuchen wollte.

CSSR
50 Kronen
KARO

7 Zeit der Reisevorbereitung

Ich weiß nicht mehr genau, ob ich mit der Adresse meiner Brieffreundin den Antrag für das Visum gestellt habe, auf jeden Fall erhielt ich eines. Von meinem kargen Lohn – als Facharbeiter verdiente ich monatlich circa 400 oder 450 Mark – hatte ich etwas beiseitegelegt und am Alexanderplatz in Kronen und Forint umgetauscht. Das Fahrgeld wollte ich dennoch sparen, um mehr Geld für Unterkunft und Verpflegung in der Hand zu haben. So beschloss ich, die gesamte Strecke per Anhalter zurückzulegen. Das konnte ein tolles und spannendes Erlebnis werden. Es gab jedoch ein kleines Problem bei der Planung der Route durch die ČSSR und Ungarn: Mir fehlte einfach zusammenhängendes Kartenmaterial; das war bei uns nicht so einfach zu finden. Über sieben Ecken bekam ich dann eine ganz alte Karte von Mitteleuropa, auf der Deutschland noch ungeteilt war und die alten deutschen Städtenamen standen. Es handelte sich um eine Autokarte aus Bern in der Schweiz. Wichtig waren aber die größeren Städte und die Grenzübergänge von Berlin-Schöneweide nach Prag, Bratislava und Budapest. Die Reise konnte sowieso nur ganz grob geplant werden. Man konnte die Route durchgehen und die wichtigsten Orte notieren, der Rest blieb dem Zufall überlassen.

Für mich und einen Freund, der mitkommen wollte, sollte es nach dem tristen Alltag eine richtige Abenteuerreise werden. Vor allem die Hauptstädte Prag und Budapest hatten wir ins Visier genommen, nachdem uns andere begeistert vom Prager Frühling berichtet hatten, vom großartigen Jugendleben, den vielen Klubs mit Livemusik und Staropramen, dem tollen Prager Bier. Besonders schwärmten sie von der spürbaren Freiheit, der Offenheit und Freundlichkeit der Menschen. Als wichtiger Treffpunkt der Jugend galt der Wenzelsplatz. Ganz wichtig war uns der persönliche Austausch mit anderen Jugendlichen, nicht die staatlich verordneten Jugendtreffen im Blauhemd. Unser zweites Ziel war Budapest, anschließend der Plattensee. Beides wurde uns als westlich beeinflusst geschildert. Dort sollte es sogar Getränke in Büchsen geben, wie Cola und Bier. Einige Leute bei uns sammelten ja leere Büchsen aus dem Westen, weil sie so schön bunt aussahen.

Fürs Trampen musste unser Gepäck recht leicht sein und möglichst auf dem Rücken zu tragen, damit die Hände frei waren. Also wählte ich einen alten Armeetornister, ich glaube aus dem Ersten Weltkrieg, mit Fell auf der Rückklappe. Er war natürlich nur von einem Freund ausgeliehen. Eine Decke und der kampferprobte Schlafsack wurden hinten daraufgeschnallt. Mein Geld verwahrte ich diebessicher in einem Brustbeutel aus grobem Wildleder, den ich mir um den Hals hängte. Meine alte, abgetragene Jeanshose aus dem Westen musste selbstverständlich auch mit. Ich hatte sie einem Sportkumpel für zwei Jazz-Vinylplatten von Chris Barber und Django Reinhardt abgegaunert. Wo sollte man auch solche Hosen in der DDR kaufen? Beide Platten gehörten eigentlich meinem Vater. Ich hatte sie natürlich nur verborgt, leider aber nie wieder zurückbekommen. Glücklicherweise gab es diesmal weder Ärger noch Prügel. Die Hose war jedenfalls schon etwas verwaschen, aber immer noch nicht eingerissen. Heute ist so etwas ja total ‚in' – man kann nagelneue Jeans kaufen, die mit Löchern, Flecken und Abriebspuren praktisch auf alt getrimmt sind.

Das Tragen von Jeans war in unseren Schulen zeitweise verboten. Viele Jahre später gab es dann sogar echte Levi's zu kaufen. Allerdings handelte es sich um eine einmalige größere Lieferung, die auch nur in einigen Berliner Warenhäusern verkauft wurden. Ja, die DDR-Hauptstadt wurde bevorzugt, da gab es viele Dinge, von denen man in der ‚Provinz' nur träumen konnte. Zu den be-

gehrten Konsumgütern gehörten ab und an Bananen, um die Weihnachtszeit Apfelsinen, fast immer H-Milch und seltener Berliner Pilsner in braunen Flaschen. Viele wollten natürlich genau deshalb nach Berlin, aber dafür brauchte man eine Zuzugsgenehmigung. Ich glaube auch davon gehört zu haben, dass Leute aus irgendwelchen Gründen der Stadt verwiesen wurden und Berlinverbot erhielten.

Das Tauschen und Borgen war in der DDR gang und gäbe. Geschäfte dieser Art waren eine zentrale Strategie, um Marktlücken zu schließen und das Alltagsleben aufrechtzuerhalten. Vieles war Mangelware und nur als sogenannte Bückware zu haben. Beim Borgen gab es allerdings zwei Varianten: mit oder ohne Rückgabe. Häufig wusste man selbst nicht mehr genau, wem man was geliehen hatte.

Die große Reise musste ich schlussendlich allein antreten, da mein Freund kurzfristig absagte. Warum, ist mir total entfallen, aber er hatte wohl zwingende Gründe. Mein Startpunkt lag an der nächsten Tankstelle, bei mir am S-Bahnhof Schöneweide. Als erstes Ziel wollte ich Dresden erreichen, um von dort aus irgendwie in Richtung Grenze der ČSSR zu gelangen. Die weiteren größeren Städte der Route hatte ich mir extra auf einen Zettel notiert, um nicht ständig die große Karte auseinander- und wieder zusammenfalten zu müssen.

DISCO

8 Zeit in der ČSSR

An einem Dienstag machte ich mich sehr früh, noch recht müde, allein auf den Weg. An der Tankstelle suchte ich zuerst ein Fahrzeug in Richtung Dresden, was mir auch ziemlich schnell glückte. Ich glaube, es war ein Wartburg 311 aus der Gegend. Leider kam ich nur bis kurz hinter Adlershof und konnte vor der Autobahnauffahrt in Altglienicke wieder aussteigen. Was war passiert? Kaum saß ich im Auto, da war ich auch schon weggenickt, einfach eingeschlafen. Mein Chauffeur wollte aber keinen Schlafgast, sondern einen zur Unterhaltung. Also fuhr er rechts ran und ließ mich wieder aussteigen. Das musste ich erst einmal verdauen. An einem günstigen Platz, wo Autos kurz mal halten konnten, griff mich dann ein Kleinbus mit Monteuren auf und brachte mich bis kurz vor Dresden. Mit einem Škoda, gefahren von einer netten Frau, ging es dann bis in die Nähe der Grenze nach Bad Schandau. Der Grenzübergang lag noch einen längeren Fußmarsch entfernt, und so marschierte ich gemütlich bis zum Schlagbaum. Nach der Kontrolle meiner Papiere und einigen Fragen zu meinem Reiseziel bekam ich einen Ausreisestempel und den Eintrag, dass ich zu Fuß die Grenze überschritten hatte. Danach überquerte ich den Streifen zwischen den Kontrollpunkten und wurde von den Tschechen durchgewinkt. Ich hielt meine Papiere bereit, aber irgendwie wollte keiner der Grenzer so richtig hinsehen, sodass ich ohne Probleme passieren konnte. Den Stempel verpassten sie mir praktisch im Vorbeigehen.

Da kaum Autos verkehrten, marschierte ich langsam weiter, um einen geeigneten Standort zum Weiterfahren zu finden. Nach einer längeren Wegstrecke konnte ich einen Lkw anhalten und die Tour ging über Děčín nach Teplice. Den weiteren Weg bis zur Abfahrt nach Třebenice nahm mich ein Ehepaar mit einem neuen

Shiguli mit. Das Auto war ein Nachbau des italienischen Fiats 124, der in der Sowjetunion auf Lizenz gebaut wurde und bei uns später Lada hieß. In Richtung Třebenice, wo meine Brieffreundin Swetlana wohnte, herrschte wenig Verkehr, und so legte ich immer wieder kleinere Strecken zu Fuß zurück. Hin und wieder konnte ich ein paar Kilometer mitfahren. Langsam näherte ich mich meinem Ziel.

Im Ort angekommen, versuchte ich die Adresse zu finden, wobei ich den Leuten meinen Zettel unter die Nase halten musste, weil mich niemand verstand. Einige guckten ratlos und schüttelten nur den Kopf. Die Verständigung war recht schwierig, da niemand Deutsch konnte oder zumindest so tat. Irgendwie habe ich mich dann doch bis zu Swetlana durchgefragt. Jetzt hätte nur noch gefehlt, sie nicht anzutreffen. Doch ich hatte Glück. Sie war natürlich völlig überrascht, da sie mein Versprechen nicht ernst genommen hatte. Also gingen wir zunächst ein wenig spazieren, um uns erst einmal näher kennenzulernen und die entstandene Situation in Ruhe zu besprechen. Schließlich war ich ja überfallartig aufgetaucht; einen konkreten Termin hatte ich nie angekündigt, nur, dass ich mal vorbeikommen wollte. Nun mussten vorrangig Fragen zur Übernachtungsmöglichkeit und der Dauer meines Besuchs geklärt werden. Da ich ohnehin nur eine Nacht bleiben wollte, bestand aus ihrer Sicht jedoch kein Problem. Wir waren uns auch von der ersten Minute an sympathisch, verstanden uns sehr gut, sowohl gedanklich als auch sprachlich. Wir kommunizierten auf Englisch, wenngleich meine Fremdsprachenkenntnisse sehr dürftig waren. Ich war auf keinen Fall, was man ein Sprachtalent nennt, eher umgekehrt. Vokabeln lernen und die Grammatik zu verinnerlichen zählte nicht zu meinen Stärken. Trotzdem bildete ich mir ein, verstanden zu werden und selbst zu verstehen. Zu spät kam natürlich die Erkenntnis, im Sprachunterricht zu nachlässig gewesen zu sein. Anwendungsmöglichkeiten hatte ich einfach nicht in Betracht gezogen. Wann hätte ich schon mit Russisch oder Englisch sprechenden Menschen in Kontakt kommen sollen?

Nach einem ziemlich langen Spaziergang durch den Ort stellte mich Swetlana ihrer Familie vor. Was sie alles über mich erzählte, konnte ich nicht verstehen. Ihre Eltern empfingen mich jedenfalls sehr freundlich und begrüßten mich herzlich. Der jüngere Bruder zeigte großes Interesse und wich uns nicht von der Seite. Zum Abendessen wurde reichlich aufgetafelt, auch ein böhmisches Bier wurde mir angeboten. Alles schmeckte fantastisch, ich wurde immer wieder aufgefordert, mehr zu essen und unbedingt alles zu probieren. Bei den Gesprächen am Tisch übernahm Swetlana den Part der Dolmetscherin. Meine bescheidenen Russischkenntnisse aus acht Jahren Schulunterricht waren nicht gefragt. Swetlana wollte kein Russisch sprechen, obwohl es in ihrer Schule ein Pflichtfach gewesen war. Nach dem Abendessen gingen wir beide nochmals spazieren, um allein miteinander reden zu können. Wer will schon immer die Eltern dabeihaben und in meinem Fall noch fremde? Ich erfuhr, dass Swetlanas Bruder sein Zimmer räumen und bei ihr schlafen musste, während für mich sein Bett neu bezogen werden sollte. Ihr Vater machte anschließend noch ein gemeinsames Foto von uns beiden, allerdings hatte er den Farbfilm vergessen. Ich glaube, Farbfilme gab es zu dieser Zeit im Osten noch gar nicht. Die Fotoprofis machten auf jeden Fall schon Farbdias. Das war aber recht teuer und sehr aufwendig. Swetlana versprach mir ganz fest, ein Bild nach Berlin zu schicken.

Am nächsten Morgen gab es ein reichhaltiges Frühstück, danach eine längere Verabschiedung mit Umarmung und Küsschen. Von der Mutter erhielt ich ein paar belegte Brote und etwas zu trinken mit auf den Weg. Der Vater nahm mich dann ein kleines Stück mit. Sein Betrieb lag zufällig auf dem Weg Richtung Prag. Wir verabschiedeten uns herzlich und ich stand nun wieder ganz allein am Straßenrand und versuchte mein Glück, Autos anzuhalten. Als Nächstes musste ich Richtung Roudnice und dann weiter bis Prag, auf ein und derselben Fernverkehrsstraße. Ich hatte mir mit Swetlanas Hilfe ein kleines Pappschild mit der Aufschrift „PRAHA" angefertigt. Eine Zeit lang rasten alle Autos einfach an mir vorbei. Da musste irgendetwas nicht stimmen, also überzeugte ich mich, ob ich nicht vielleicht im Halteverbot stand, sodass keiner anhalten konnte oder wollte. Ich konnte nichts Derartiges feststellen, es war alles in Ordnung. Zum Laufen hatte ich wenig Lust, daher musste ich mich nun gedulden. Ich verdrückte erst einmal meinen Reiseproviant und rauchte die eine oder andere Karo. Nach mehr als einer Stunde stoppte endlich ein Auto, es war ein Westwagen aus Großbritannien mit gelben Nummernschildern. Zuerst lief ich gewohnheitsmäßig zur Beifahrertür am Straßenrand, aber da saß schon jemand. Am Lenkrad! Ich musste auf der anderen Seite einsteigen, denn der Wagen – ein Ford – war natürlich ein Linksverkehr-Modell, für mich völlig ungewöhnlich; ich hatte schon davon gehört, so etwas aber noch nie gesehen. Die Verständigung erforderte meine volle Konzentration. So gut war mein Englisch nun auch wieder nicht, zumal es viel schwieriger ist, Muttersprachler zu verstehen. Wann hatte ich schon mal die Gelegenheit, Englisch zu sprechen, und dann noch mit einem richtigen Engländer? Aber mit der Zeit ging es immer besser und tief abgespeicherte Worte kamen plötzlich wieder an die Oberfläche. Alles konnte ich natürlich nicht erfassen. Einiges wurde auch durch die Autogeräusche verschluckt. Wenn ich ihn richtig verstanden hatte, wollte er auf schnellstem Weg nach Prag und brauchte mich als Assistent für die Überholmanöver auf der Fernverkehrsstraße, die enormen Gegenverkehr aufwies. Meine Aufgabe bestand darin, ihm mitzuteilen, wann er es wagen konnte. Dann gab er Vollgas, scherte schnell aus, raste an einem oder mehreren Autos vorbei und ordnete sich wieder ein. So richtig wohl fühlte ich mich dabei nicht. Einige Manöver waren sehr knapp und ziemlich riskant, aber Prag rückte immer näher. Ich kam mir fast vor wie der Beifahrer bei einer Rallye. Mit der Zeit bekam ich aber immer mehr Vertrauen zu meinem Fahrer.

Mein erstes großes Ziel in Prag war der Wenzelsplatz. Die große Treppe vor dem Nationalmuseum sollte ja ein angesagter Treffpunkt der Jugendlichen sein. Was für ein Zufall, dass mein Engländer – Peter – sich dort in einem Hotel einquartieren wollte. Besser konnte es an diesem Tag nicht laufen. Obwohl es Zufälle im Sozialismus eigentlich nicht gab, wie uns in Staatsbürgerkunde immer erklärt wurde … In Prag brauchten wir eine Weile, um das Hotel zu finden. Ich hatte einen Stadtplan auf dem Schoß und versuchte krampfhaft, mich im Labyrinth der Straßen zurechtzufinden. Nach einer kurzen Verabschiedung vor dem Hotel ging ich sofort weiter zum Wenzelsplatz. Was mir als Erstes auffiel, waren die ungewöhnlich vielen Menschen auf der Straße, und je näher ich dem Platz kam, umso mehr wurden es. Ich fragte mich, ob hier keiner arbeiten musste, oder waren das alles Touristen? Die Stufen zum Nationalmuseum waren tatsächlich voll mit Jugendlichen. Einige spielten Gitarre und sangen, andere diskutierten miteinander oder saßen einfach nur so herum. Die meisten Jungen hatten längere oder ganz lange Haare, wir ihre Pop-Idole. Viele waren sehr auffällig angezogen, mit zerschlissenen Jeans oder ganz engen, längs gestreiften Hosen und knalligen Nickis, heute sagt man T-Shirts dazu. Die Mädels trugen kurze Röcke – so breit wie Gürtel – und waren toll angemalt. Ihre Haare hatten sie wild gestylt. Alles war schreiend bunt und grell, in gewisser Weise provozierend oder rebellierend. Die Jugend wollte auf sich aufmerksam machen, ihre Wünsche und Freiheiten ausleben, offen ihr Anderssein demonstrieren. In diese Atmosphäre konnte man sofort eintauchen, ich wurde herzlich aufgenommen und gehörte im Nu dazu. Zigaretten wurden großzügig angeboten und auch gern getauscht. Meist machten Lucky Strike, Roth-Händle, Karo und Chesterfield die Runde. Alles Zigaretten ohne Filter und recht stark. Die Karo gab es nur in der DDR, ein Erkennungszeichen aus dem Osten. Aber unter den Jugendlichen wurde man auch so recht leicht als Ostler erkannt. Meist war es die Kleidung – wie Kletterstiefel aus Wildleder, die Socken und unsere Jacken – aber auch die Sprache. Dennoch wurde die Standardfrage „Ost oder West?“ selten gestellt, die Herkunft war nebensächlich. Selbst Geld spielte in diesen Tagen keine so wichtige Rolle. Da der Umtausch zu Hause stark limitiert war und unsere Ostmark im Ausland unerwünscht, musste ich noch weiteres Geld vor Ort wechseln. Doch es herrschte eine große Solidarität untereinander. Wer etwas hatte, teilte gern. Oder wir legten einfach zusammen, jeder nach seinen Möglichkeiten. Leute, die nur schnorren wollten, wurden allerdings ziemlich schnell durchschaut und bald ausgeschlossen.

Der Blick auf den Wenzelsplatz war gigantisch. Direkt vor unserer Nase stand der heilige Wenzel, als Reiterdenkmal in voller Rüstung. Hinter uns befand sich das Nationalmuseum, ein riesiges Neorenaissance-Gebäude. Die Häuserfassaden beiderseits des Platzes waren im Barock- oder Jugendstil errichtet worden. Direkt über den Wenzelsplatz fuhren die Straßenbahnen, die immer völlig überfüllt waren, sodass einige Fahrgäste außen an den Türen hingen, praktisch auf dem Trittbrett mitfuhren. Ganz Mutige sprangen sogar während der Fahrt auf oder ab. Das wäre bei uns überhaupt nicht möglich gewesen und sofort verboten worden.

Der Wenzelsplatz bildet den Mittelpunkt der Prager Neustadt und ist mit seiner Länge von 750 Metern einer der größten Plätze Europas. Früher fanden dort regelmäßig große Pferdemärkte statt.[9]

Nachdem ich ungefähr drei Stunden auf den Stufen des Nationalmuseums ‚abgehangen' und dem Treiben der Menschen zugesehen hatte, kam es zum großen Aufbruch. Ich schloss mich einigen Jugendlichen, die ich schon näher kennengelernt hatte, zu einem Rundgang durch die unterirdischen Passagen an. Auf beiden Längsseiten des Platzes befand sich unter den Häuserzeilen eine kleine unterirdische Welt mit zahlreichen Geschäften, Bistros, Gaststätten, Theatern und kleinen Sporthallen. Es herrschte ein reges Treiben, man konnte gut essen, trinken und shoppen. Besonders gut schmeckte das frisch gezapfte Staropramen, natürlich gab es nur halbe Liter. Das Lebensmittelangebot war reichhaltig, auf großen Verkaufsflächen in vollen Regalen präsentiert, alles bunt verpackt. Das war schon was fürs Auge. Sehr gut sah auch das Imbissangebot mit kalten und warmen Speisen aus. Man bekam sofort großen Hunger auf knackige Würste, Krautgulasch, Schweinebraten, die vielen Knödelsorten und Palatschinken. Die Imbisstheken waren meist gleich in die Kaufhallen integriert, mit Stehtischen aber auch vereinzelten Sitzplätzen. Das Essen war recht preiswert, schmackhaft und einfach zu bestellen, da man nur mit dem Finger darauf zeigen musste. Nachdem wir unseren Hunger gestillt und ein paar Bier getrunken hatten, kehrten wir wieder an die Oberfläche ins normale Leben zurück. Für den Abend hatten wir uns im »Music F Club« verabredet. Dort sollte eine angesagte Gruppe ein Konzert gegeben. Auf der Straße entdeckte ich noch einige alte Plakate von einem Konzert von Simon & Garfunkel. Ich erfuhr, dass hier öfter Sänger und Bands aus dem Westen auftraten. Da kam bei mir richtiger Neid auf. Was hier 1968 alles möglich war!

Etwas später pilgerte ich allein zur Karlsbrücke, einer sehr alten Steinbrücke über die Moldau, die aber nur von Fußgängern genutzt werden durfte. Sie verband zwei Stadtteile miteinander und war durch zwei Türme begrenzt. Die Brüstung wurde von vielen

Heiligenfiguren gesäumt. Die bekannteste stellte den Priester Jan Nepomuk dar. Wie ich in Erfahrung bringen konnte, soll man ihn 1393 an dieser Stelle in die Moldau geworfen haben. Auf der Brücke waren so viele Menschen, dass ich kaum vorwärtskam, so ein Gedränge herrschte dort. Künstler und Maler nutzten die Brücke als Galerie für ihre Bilder oder Bühne für Performances, Händler boten ihre Waren und Souvenirs an. Man konnte sich auch porträtierten lassen oder der Musik einiger Straßenmusikanten lauschen. Pantomime und moderner Tanz wurde ebenfalls von Jugendlichen dargeboten. Alles wirkte wie ein Freilichttheater, und man musste keinen Eintritt bezahlen. Der Ausblick auf die Prager Burg war hervorragend, und die Touristen fotografierten fleißig.

Die Burg im Stadtteil Hradčany existiert seit dem 9. Jahrhundert und war immer das politische und kulturelle Zentrum der Stadt. Sie zählt zu den größten geschlossenen Burganlagen der Welt. Zum Komplex gehören unter anderem der Veitsdom, die Heilig-Kreuz-Kapelle, ein Gedenkobelisk für die Opfer des Ersten Weltkriegs und das Goldene Gässchen.[10]

Bei meinem Rundgang konnte ich mir natürlich nicht alles auf einmal ansehen. Ich erinnere mich aber noch, dass ich plötzlich im Goldenen Gässchen vor der Hausnummer 22 stand, wo Franz Kafka einmal gewohnt haben soll. Viele aus meinem Freundeskreis schwärmten von Kafka, und wenn man mitreden wollte, musste man unbedingt etwas von ihm gelesen haben. Leider wurden seine Werke in der DDR nicht verlegt, aber viele hatten sich die Lektüre aus dem Westen organisiert. Besonders bekannt war der Roman »Der Prozess«. Einiges wurde unter Freunden auch mal ausgeliehen, neben Büchern von Kafka auch welche von Heinrich Böll, Henry Miller und Sigmund Freud. Eine bunte Mischung guter Literatur, die von den uns bekannten Büchern des sozialistischen Realismus völlig abwich. Kafkas »Der Prozess« bekam ich erst viel später, in den 70er-Jahren, von einem Freund geborgt. Heute besitze ich ein eigenes Exemplar, weil ich den Roman noch einmal in Ruhe lesen und verstehen wollte.

Am Abend beendete ich meinen Streifzug durch die Stadt und versuchte, zu der Verabredung in den »Music F Club« zu gelangen. Dort angekommen, erlebte ich ein grandioses Livekonzert mit mehreren Beat-Gruppen. Ich kam aus dem Staunen gar nicht mehr heraus, so begeisterte mich die Musik. Die tschechischen Gruppen spielten überwiegend aktuelle englische Songs bekannter Rockbands; dabei ging richtig die Post ab! Alles fand in einem kinoähnlichen Saal statt. Das Gebäude schien ein Kulturhaus zu sein oder ein Theater. Es gab feste Polsterstühle, in Reihen angeordnet, und vorn, auf einer leicht erhöhten Bühne, spielten die Bands. Die meisten Gruppen setzten sich zusammen aus drei Gitarristen – Rhythmusgitarre, Bass und Leadgitarre –, einem Schlagzeuger und einer Sängerin oder einem Sänger. Eine der Bands hatte sogar einen Saxofonisten und einen Violinisten dabei. Sie ahmten alle ihre Idole nach, hatten die gleichen langen Haare und waren auch fast so gekleidet wie sie. Die Akteure bewegten sich sehr rhythmisch zur Musik, sprangen teilweise wie wild herum, ja, die Bühne wurde richtig ‚gerockt', wie man heute zu sagen pflegt. Der Titel »Hush« von Deep Purple gefiel mir total. Die Gruppen coverten die Songs so professionell, dass man kaum Unterschiede zu den Originalen feststellen konnte, besonders wenn man die Augen schloss. Die Musik verband alle miteinander und man empfand ein leichtes, unbeschwertes Gefühl der Freiheit, Unabhängigkeit und Zusammengehörigkeit. So ungefähr stellte ich mir die Wirkung von Drogen vor. Man konnte einfach nicht still sitzen, musste sich austoben oder mitsingen. Einige standen einfach auf und tanzten in den Gängen. Ich glaube sowieso, ein Rockkonzert im Sitzen zu genießen, ist nicht das Wahre, weil man sich zur Musik einfach bewegen muss.

Der Abend verging wie im Flug, und ich wusste eigentlich immer noch nicht, wo ich schlafen sollte. Bei jemandem unterzukommen, sah an diesem Abend eher schlecht aus. Und die Nacht auf einer Parkbank zu verbringen, erschien mir etwas zu unsicher. Also versuchte ich es an einem Bahnhof. Die »Mitropa« hatte schon geschlossen, daher legte ich mich auf eine der freien Bänke im Warteraum. Mein Tornister diente als Kopfkissen, meine Decke brauchte ich nicht, da es recht warm war. So döste ich vor mich hin – bis ich plötzlich angestoßen wurde. Vor mir stand ein Mann, circa 45 bis 50 Jahre alt, und redete auf mich ein. Ich schüttelte nur den Kopf, da ich nichts verstand. Als er mitbekam, dass ich Deutscher war, sprach er mit mir in gebrochenem Deutsch. Er bot mir eine Unterkunft bei sich zu Hause an, nicht weit vom Bahnhof. Nach kurzer Bedenkzeit willigte ich ein und wir gingen gemeinsam zu seiner Wohnung. Er wohnte in einem Altbau im zweiten Stock. Das Haus war renovierungsbedürftig, besonders im Hausflur blätterte die Farbe von den Wänden. Die Wohnung sah nicht viel besser aus. In einer großen Wohnküche stand ein altes, eisernes Bett, in der Spüle türmte sich das schmutzige Geschirr und ansonsten war alles etwas schmuddelig. Das Bett in der Küche sollte meine Schlafstätte sein, er wollte im Nebenzimmer schlafen. Nachdem ich kurz auf der Toilette war, zog ich Hose und Jacke aus und legte mich hin. Er schaltete das Licht aus und verschwand nach nebenan, schloss aber nicht die Tür. Ich musste schon eingeschlafen sein, als auf einmal mein Gastgeber vor meinem Bett stand und sich zu mir legen wollte. Offensichtlich war er schwul und wollte mir an die Wäsche gehen! Laut brüllend sprang ich aus dem Bett und schlüpfte ganz schnell in meine Hose. Dann griff ich meine Jacke und den Tornister und verließ fluchtartig die Wohnung. Nun stand ich wieder auf der

Straße. Jetzt versuchte ich es auf einer Parkbank. In meine Decke eingehüllt, war es durchaus auszuhalten. Ich musste ziemlich schnell eingenickt sein. Wie lange ich geschlafen hatte, weiß ich nicht. Jedenfalls weckte mich eine Polizeistreife unsanft, als es langsam hell wurde. Sie wollten natürlich meine Papiere sehen. Aus meinem Brustbeutel fingerte ich meinen Personalausweis und übergab ihn. Der Pass wurde längere Zeit studiert und das Bild mit mir verglichen. Ich bekam mein Dokument wieder ausgehändigt und wurde höflich verabschiedet. Ohne weitere Fragen oder Anweisungen rückten die Beamten wieder ab; so konnte ich noch ein wenig weiterschlummern.

Immer noch etwas müde, bewegte ich mich dann wieder Richtung Bahnhof, um mich frisch zu machen. Ich wollte mir unbedingt die Zähne putzen und musste dringend eine Toilette aufsuchen. Die sanitären Anlagen waren verhältnismäßig sauber, da ständig gewischt und geputzt wurde. Für die Benutzung musste man auch Kleingeld abdrücken. Darüber hinaus hatte ich hier die Möglichkeit, mein Gepäck den Tag über in einem Schließfach zu verwahren. Ich war nicht der Einzige mit dieser Idee. Im Waschraum und auf den Toiletten herrschte ein reges Treiben, sodass man sich fast anstellen musste. Frisch und wiederbelebt versuchte ich nun, meinen Hunger mit einem Frühstück zu stillen. Ich brauchte nicht allzu lange zu suchen und fand ein bäckerähnliches Geschäft, das Kaffee, Kuchen und belegte Brötchen anbot.

Gegen 9 Uhr war noch niemand auf der Museumstreppe zu sehen, also lief ich einmal den Platz hinunter und auf der anderen Seite wieder hinauf. Dabei sah ich mir die Schaufenster der vielen Geschäfte, Cafés, Gaststätten und Hotels an. Dabei fiel mir auf, dass ein Reisebüro Flüge mit der Königlichen Niederländischen Luftfahrtgesellschaft (KLM) ins westliche Ausland anbot. Da stellte ich mir natürlich die Frage, ob ganz ‚normale' Tschechen diese Flüge wohl auch buchen konnten? Gegen 11 Uhr trafen die ersten

Jugendlichen auf dem Wenzelsplatz ein, und ich gesellte mich einfach dazu. Wir quatschten miteinander, rauchten und tauschten unsere Erlebnisse aus. Heute wollte ich mich unbedingt um eine Bleibe für die Nacht bemühen. Für den Abend lud uns einer der tschechischen Freunde zur Party ein; er hatte vierzehn Tage sturmfreie Bude, da seine Eltern im Urlaub waren. Vorher wollten wir gemeinsam die berühmte Schwarzbierkneipe »U Fleků« aufsuchen, eine alte Bauernschänke in der Prager Neustadt. Dort gab es das traditionelle, selbst gebraute dunkle Lagerbier aus Halblitergläsern mit Henkel. Durch den Eingang kommend gelangte man in zwei fast gleich große Gasträume, und im Innenhof befand sich ein Gartenlokal. Neben dem Bier gab es auch reichlich zu essen. Die Kellner schleppten riesige, voll beladene Tabletts durch die Kneipe. Ab und zu erklangen tschechische oder auch deutsche Volksweisen. Wenn die Gäste, meist Einheimische, schon einige Schwarzbier ‚intus hatten', sangen sie lauthals mit. Das klang nicht mal schlecht und vermittelte ein anheimelndes Gefühl. Nach dem Essen wechselten wir in den Innenhof und tranken noch ein oder zwei halbe Liter. Das Bier fing langsam an zu wirken, der Kopf brummte und die Beine wurden schwer. Auffällig war, dass die Tische, an denen die Gäste mit Westgeld winkten, viel schneller ihr Bier bekamen als wir. Aber uns störte das nicht weiter, wir hatten ja Zeit. Irgendwann verließen wir dann leicht schwankend das Gasthaus und blieben nebenan vor einem Friseur stehen. Wir versuchten, einige Friseurinnen, die vor dem Laden rauchten, anzuquatschen, aber ohne Erfolg. Sie verschwanden schnell wieder an ihren Arbeitsplatz; irgendwie fühlten sie sich von uns belästigt. Also machten wir uns nach kurzer Überlegung auf zur Party. Dazu mussten wir allerdings etliche Stationen mit der Straßenbahn fahren; ich weiß nicht mehr, in welche Richtung es ging. Mit der Orientierung in Prag hatte ich noch erhebliche Probleme. Jedenfalls fuhren wir mit einer typischen Tatrabahn ein ziemliches Stück weg vom Stadtzentrum in einen Außenbezirk.

Die Wohnung des Gastgebers befand sich in einem schönen Altbau und war mit vier großen Zimmern einfach riesig. Sie hatte eine gemütliche Wohnküche, ein großes Badezimmer und sogar eine Gästetoilette. Alles war sehr stilvoll aufeinander abgestimmt. Solche Möbel hatte ich bisher nur in alten Filmen gesehen. Es waren bereits viele Leute da; sie verteilten sich auf die zwei Wohnräume und die Küche. Die meisten Sitzgelegenheiten waren schon in Beschlag genommen, also mussten wir erst einmal eine Weile herumstehen, tanzen oder durch die Räumlichkeiten wandern. Die Musik kam vom Tonband, aber zwischendurch wurde auch mal eine Schallplatte abgespielt. In der ČSSR gab es ja recht gute aktuelle Platten zu kaufen. Es wurde reichlich Alkohol getrunken, viel getanzt und gequalmt ohne Ende. Trotz der hohen Decken hing eine ziemlich dicke Dunstwolke in allen Räumen. Mit voranschreitender Zeit wurden auch Sitzplätze frei oder man ließ sich auf dem Teppich nieder. Einige Pärchen verschwanden zeitweise in die benachbarten Schlaf- oder Kinderzimmer …

Ich lernte an diesem Abend Milada kennen, ein Mädchen aus Prag, das in der Schule seit der fünften Klasse Deutschunterricht hatte. Sie wollte natürlich unbedingt Deutsch mit mir sprechen, um ihre Sprachkenntnisse zu beweisen oder aufzufrischen. Ihr Deutsch hörte sich unheimlich niedlich an, mit dem typisch tschechischen Akzent, fast so wie bei »Spejbl und Hurvínek«. Sie erzählte, dass ihr Vater auch ein wenig Deutsch sprach. Wir unterhielten uns angeregt, tanzten und tranken gemeinsam Rotwein. Ihr Wunsch war es, Sprachen zu studieren, und sie hatte sich bereits an der Universität beworben. Sie wollte entweder Dolmetscherin oder Lehrerin werden. Ich erfuhr, dass sie mit den meisten auf der Party befreundet war, momentan aber keinen festen Freund hatte. Und meine Glückssträhne hielt an, denn Milada bot mir eine Schlafmöglichkeit für die nächsten Tage. Nein, sie hatte keine eigene Wohnung, sondern wohnte noch bei ihren Eltern, in einer großen Neubauwohnung. Den Rest der Nacht verbrachte ich jedoch auf einem Sessel schlafend im Wohnzimmer. Allerdings war ich nicht der einzige Gestrandete. Am späten Vormittag versammelten sich alle nach und nach in der Küche, um aus den vorrätigen Lebensmitteln ein Frühstück zu zaubern. Den meisten reichten eine Tasse Kaffee und ein oder zwei Zigaretten.

Gegen Mittag hatte ich mich mit Milada am Bahnhof verabredet. Ich holte mein Gepäck aus dem Schließfach, danach fuhren wir mit der Straßenbahn in die neue Plattenbausiedlung Jinonice, wo Milada mich ihren Eltern vorstellte. Ich wurde sehr freundlich aufgenommen und gleich reichhaltig bewirtet. Ihr Vater nahm durch seine Deutschkenntnisse rege am Gespräch teil. Wir sprachen über Gott und die Welt. Auch über die derzeitige politische Lage und die wirtschaftliche Situation in der ČSSR. Ich war nicht besonders gut über unser Nachbarland informiert, wusste eigentlich fast nichts. Wenn ich den Vater richtig verstanden hatte, sollte ein Aktionsprogramm beschlossen werden, das auf die Demokratisierung des Sozialismus abzielte. Demokratie und Sozialismus hätten ja eigentlich zusammengehören müssen, doch unsere Alltagserfahrungen zeigten, dass sie sich eher ausschlossen. Ich verstehe bis heute nicht, was gegen diese Reformversuche sprach. Der Widerstand aus der Sowjetunion und anderen sozialistischen Staaten war jedenfalls erheblich. Veränderungen oder Abweichungen vom ‚roten Faden' wurden schnell als „konterrevolutionärer Anschlag auf den real existierenden Sozialismus" bezeichnet. Miladas Vater zufolge sollten in diesem Programm keineswegs antisozialistische Punkte enthalten sein. Die Genossen in Moskau sahen das aber völlig anders. Niemand durfte an der vorgegebenen Ideologie und der Politik des Staatssozialismus rütteln. Da gab es keinen Spielraum für Veränderungen, wie sie im Sommer 1968 in der ČSSR auf der Tagesordnung standen. Doch die Menschen hier hatten das Gefühl, dass ihre persönliche Freiheit durch die Politik der Partei stark eingeschränkt wurde, und darum ging es ihnen in erster Linie. Eine ihrer Hauptprämissen war: „Freiwilligkeit darf nicht erzwungen werden." Eine weitere Forderung war die nach freien, demokratischen Wahlen.

Die Volkskammerwahl von 1990 war die einzige Wahl in der DDR, die nach demokratischen Prinzipien erfolgte. Eine erschreckende Erkenntnis! Unglaublich, wie man uns 40 Jahre lang verarscht hat! Wahlergebnisse unter 90 Prozent kannten wir gar nicht.[11]

Miladas Vater war mehr oder weniger Hausmann. Er hatte einen bösartigen Tumor im Kopf, war bisher zwar erfolgreich behandelt worden, sollte aber vorzeitig berentet werden. Die Mutter ging den Tag über arbeiten, war damals aber vorübergehend zu Hause. Beide waren sehr aufgeschlossen und verständnisvoll. Milada wartete auf den Beginn ihres ersten Studienjahres für Deutsch und Französisch.

Mein Schlafplatz wurde mir in Miladas Zimmer zugewiesen, sie schlief auf dem Sofa in der Wohnküche. Wir verstanden uns hervorragend, wie alte Freunde, die sich schon lange kannten. Ich traute mich allerdings nicht, ihr irgendwie näherzukommen. Zwischen uns blieb es bei einer freundschaftlichen Beziehung. Vielleicht war es auch besser so. Ich übernachtete noch drei weitere Tage bei ihr, dann wollte ich in Richtung Budapest aufbrechen. In dieser Zeit unternahmen wir sehr viel zusammen. Wir besuchten mit Freunden die Disco »Olympus«, in der Nähe des berühmten Theaters »Laterna Magika«. Dort spielten keine Liveacts, sondern es wurden Schallplatten aufgelegt – die gesamte Palette der Rockmusik, und man konnte sich sogar Musiktitel wünschen. Auf der Tanzfläche drängten sich die Gäste, alle tanzten wild durcheinander. Die tolle, laute Musik und der Tanz wirkten berauschend und schufen ein unbeschreibliches Gemeinschaftsgefühl. Einige Leute waren besonders gut drauf; ob da Drogen mit im Spiel waren, entzog sich meiner Kenntnis. Sehr auffällig waren auch die unterschiedlichen Tanzstile, mit recht eigentümlichen Bewegungen, aber immer dem Rhythmus folgend. Was einem gefiel, versuchte man irgendwie nachzuahmen. Bei uns zu Hause tanzte man ja nicht allein, sondern forderte ein Mädchen auf. Das fiel hier völlig weg. Wenn der Rhythmus in den Beinen kribbelte, sprangen die Jugendlichen einfach auf und stürmten auf die Tanzfläche. Für mich war das völlig neu, und ich fand es einfach super! Es hatte natürlich Vor- und Nachteile. Auf jeden Fall entging man der Blamage, von einem Mädchen abgewiesen zu werden. Aber das persönliche Kennenlernen erschien mir dadurch wesentlich schwieriger. Wie sollte man da noch Kontakte knüpfen? Und eine Unterhaltung war bei der Lautstärke sowieso nur schwer möglich.

An einem anderen Abend besuchten wir ein Livekonzert in einem größeren Restaurant in der Nähe der Karlsbrücke. Dort spielte eine Band mit Saxofon, Trompete und Keyboard. Sie hatte eine Sängerin und einen Sänger dabei. Der Sound war sehr rockig, ich glaube es war Soulmusik von Aretha Franklin und Otis Redding. Zwischendurch spielte die Band auch alte Rock-'n'-Roll-Titel aus den 50er- und 60er-Jahren, und auf der Tanzfläche wurden die Mädels ganz schön herumgeschleudert. Einige Pärchen tanzten richtig showmäßig. Ich hätte mir wahrscheinlich einen Knoten in Arme und Beine getanzt, aber zuzusehen machte auch viel Spaß. Mir fehlte die Traute, es einmal selbst zu versuchen. Später bemühte sich Milada, mir die verschiedenen Drehungen und Grundschritte beizubringen, aber ohne großen Erfolg. Irgendwie war ich zu linkisch.

Wir trafen uns noch mehrmals mit Freunden auf dem Wenzelsplatz und starteten von dort aus unsere Aktionen. Meist gingen wir auf Partys, zu öffentlichen Tanzveranstaltungen oder einfach nur in eine Kneipe, um etwas zu trinken und zu quatschen. Dabei sprachen wir über ganz normale Dinge des Alltags und konnten viele Gemeinsamkeiten feststellen, zum Beispiel unsere Auseinandersetzungen mit den Erwachsenden, den täglichen Kampf, seine Wünsche oder Vorstellungen durchzusetzen, und wie man am besten die vielen Verbote und Regel umgehen konnte. Uns Deutsche verband sehr viel miteinander, lässt man mal die politischen Hintergründe außer Acht. Natürlich führten wir auch heiße politische Debatten, wobei nicht immer Einigkeit herrschte, es aber auch Zustimmung für gewisse Dinge in Ost und West gab. Wir Ostdeutschen kannten den Westen ja nur durch Radio und Fernsehen. Entscheidend war natürlich, welchen Sender man eingeschaltet hatte. In Berlin informierten wir uns meist auf beiden Kanälen und mussten aus zwei Halbwahrheiten eine basteln.

Wer Prag besucht, sollte sich selbstverständlich auch historische Sehenswürdigkeiten ansehen. So besichtigten wir zum Beispiel die St.-Nikolaus-Kirche in der Prager Altstadt und die St.-Nikolaus-Kirche auf der Kleinseite, beides prachtvolle Barockbauten mit aufwendigen Stuckarbeiten und farbenfrohen Fresken. Da fragte ich mich, wie solche großartigen Bautwerke früher ohne moderne Hebetechnik entstehen konnten. Der größte Teil der Kirchenbesucher bekreuzigte sich und knieten nieder zum kurzen Gebet. Ich beobachte ihre Rituale mit etwas Abstand und bewegte mich ganz leise und ehrfurchtsvoll durch das Gewölbe bis zum prunkvollen Altar. Mit der Kirche hatte ich nichts am Hut, bedingt durch meine Erziehung. Meine Familie und fast alle Verwandten waren nicht religiös. In meinem erweiterten Freundeskreis gab es einige, die in der Kirchenjugend organisiert waren, aber kaum darüber sprachen. Ich glaube, auch Milada und ihre Familie waren gläubige Christen und gingen regelmäßig in die Kirche. Die meisten Jugendlichen aus Westdeutschland, mit denen wir ins Gespräch kamen, waren Kirchenmitglieder und hatten während der Schulzeit Religionsunterricht gehabt. Sie feierten auch keine Jugendweihe wie bei uns, sondern wurden eingesegnet, was so ähnlich ablief, nur eben in der Kirche stattfand. Die anschließende Feier im Kreis der Familie war wohl überall gleich, man durfte schon mal ein Gläschen Alkohol probieren und heimlich mit Freunden eine Zigarette rauchen.

In Prag spürte man eine richtige Aufbruchsstimmung, eine gewisse Freiheit. Es wurden offene Diskussionen geführt und unterschiedliche Meinungen akzeptiert. Diese Lebensfreude und die Befreiung von auferlegten Zwängen hinterließen bei mir einen nachhaltigen Eindruck. Ja, ich hatte meine Verklemmtheit und Zurückhaltung abgestreift und ging viel offener auf die Menschen zu. Wir schwammen mit unserer Euphorie natürlich nur an der Oberfläche und hatten keine Ahnung von den internen politischen Machtkämpfen hinter den Kulissen, wie auch?

Nun aber hieß es, vorerst Abschied zu nehmen von Prag und den vielen neuen Freunden, ganz besonders von Milada und ihrer Familie. Für meinen Rückweg war ein nochmaliges Treffen in Prag geplant.

Balaton

9 Zeit in Ungarn

Auf Anraten meiner tschechischen Freundin fuhr ich erst einmal mit der Tram in den südwestlichen Außenbezirk Prags. Von dort aus ging es weiter Richtung Bratislava und anschließend bis zur ungarischen Grenze. Verbunden wurden beide Großstädte durch die Fernverkehrsstraße E 15, so war es jedenfalls auf meiner alten Karte eingezeichnet. Die Route führte von Kolín über Brno, Břeclav nach Bratislava. Von dort war es nicht mehr allzu weit bis zur ungarischen Grenze nach Győr oder Komárno. Ich trampte natürlich wieder solo, so kam man einfach schneller voran. Zuvor hatte ich mich herzlich von Milada und ihren Eltern verabschiedet. Sie gaben mir noch Verpflegung und etwas Geld mit auf die Reise.

Bis Brno kam ich mit einem Lieferfahrzeug, das Bäckereien mit Mehl und Backutensilien versorgte. In Brno verbrachte ich längere Zeit und sah mir einen Teil des Stadtzentrums an. Dann suchte ich zu Fuß die günstigste Ausfahrtsstraße in Richtung Bratislava. Aber ich stand mir die Beine in den Bauch, weil einfach niemand anhalten wollte. Langsam merkte ich, dass mein Standort wieder einmal völlig ungünstig war, zumindest für die Autofahrer, die schlecht anhalten konnten, ohne den nachfolgenden Verkehr zu behindern. So machte ich mich auf und trabte bis zur nächsten Tankstelle. Dort klapperte ich alle Fahrzeuge ab und bettelte darum, mitgenommen zu werden. Nach längerer Wartezeit hatte ich dann doch noch Glück. Mit einem Moskwitsch 408, einem Auto russischer Bauart, ging es gemächlich in die Hauptstadt des slowakischen Landesteils. Das Auto war ein Nachbau eines Opels, vom Motor bis über die Karosserie war alles abgekupfert. Bei uns fuhren auch etliche Autos dieses Typs herum; wir bauten ja nur Wartburg und Trabant, somit waren auch diese Fahrzeuge recht begehrt. Bald hatte ich die gesamte ČSSR durchquert; eigentlich ein Staat mit zwei Nationen, den Tschechen und den Slowaken, deren Gebiete unter der sozialistischen Herrschaft zu einem zusammengeschlossen waren.

Heute ist das Land wieder in zwei unabhängige Nationalstaaten geteilt. Wir Deutschen waren hingegen eine Nation, die in zwei Staaten zerlegt wurde. Besonders krass war dabei die Teilung der Stadt Berlin, wo die Grenze teilweise durch Straßen und Häuser verlief. Ende August war die Berliner Mauer natürlich noch recht durchlässig, besonders in den Schrebergärten entlang der S-Bahn zwischen Baumschulenweg und Treptow. Später bezahlten viele Menschen den Versuch, die innerdeutsche Grenze zu überwinden, mit ihrem Leben.

Während die deutsche Einheit auf friedliche Weise wiederhergestellt wurde, führte die Auflösung des Ostblocks andernorts zu Spannungen. Gute Beispiele für den zwangsweisen Zusammenschluss unter sozialistischer Herrschaft sind Jugoslawien und die Sowjetunion. Die multiethnischen Republiken fielen völlig auseinander, und Konflikte wurden sogar mit Waffengewalt ausgetragen. Hatten die großen Führer das befürchtet und daher mit eiserner Hand das sozialistische Lager zusammengehalten?

Aber zurück nach Bratislava, wo ich meine letzten Kronen ‚auf den Kopf klopfte'. Die Nacht verbrachte ich in einer kleinen Herberge mit Gasthof am Stadtrand. Am nächsten Morgen, nach einem guten Frühstück, ging es weiter Richtung Ungarn. Diesmal versuchte ich es auf der eingezeichneten Schnellstraße, um auf dem kürzesten Weg zur Grenze zu gelangen. Keine meiner Mitfahrgelegenheiten wollte direkt zur oder über die Grenze fahren. Die letzten Kilometer musste ich dann notgedrungen weitermarschieren. Im Nachhinein schätze ich die Wegstrecke auf fast sechs Kilometer. Endlich am Schlagbaum in Komárno angekommen, überquerte ich die Ländergrenze wieder zu Fuß, was auch diesmal ordnungsgemäß in meinem Visum vermerkt und mit einem dicken Stempel bestätigt wurde.

Hinter dem Übergang befand sich ein Parkplatz mit Tankstelle, an der ein Autobus aus Polen stand. Es handelte sich um eine Reisegruppe älterer Menschen, die sich angeregt unterhielten und deren Ziel ebenfalls Budapest war. Ich versuchte, mit dem Busfahrer ins Gespräch zu kommen, um ihm verständlich zu machen, dass auch ich nach Budapest wollte. Er befragte einfach seine Fahrgäste, ob sie mich mitnehmen wollten, was einstimmig mit Ja beantwortet wurde. Überglücklich stieg ich in den Bus und wurde freudig empfangen. Man bot mir frisches Obst und etwas zu trinken an. Viele der Frauen hatten Picknickkörbe dabei, die reichhaltig gefüllt waren. Von allen Seiten wurde mir Essen angeboten und auf Polnisch auf mich eingeredet. Es war nicht so schwer, zu erraten, was sie wollten. Ich war mir sicher, sie meinten: „Nun greif mal ordentlich zu und iss dich richtig satt, mein Junge, damit du groß und stark wirst!“ Ich ließ es mir schmecken und bedankte mich recht herzlich auf Polnisch. Einige Wörter waren bei mir noch vom Schüleraustausch nach Warschau hängen geblieben, wie zum Beispiel „Danke!“, „Guten Tag!“, „Gute Nacht!“ oder „Kohl und Essig“. Auf Polnisch heißt das: „Dziękuję!“, „Dzień dobry!“, „Dobranoc!“ und „kapusta i ocet“. Ein älterer Herr versuchte, seine früheren Deutschkenntnisse auszugraben und erzählte mir, dass die meisten der Reisegruppe aus einem Dorf stammten und in der Landwirtschaft arbeiteten. Die gemeinsame Woche in Budapest war für sie als Urlaubsreise organisiert worden, da sie ansonsten kaum aus ihrem Dorf herauskamen. Alle waren schon sehr gespannt und aufgeregt, was sie erwarten würde. Ich erzählte von meinen Reiseplänen und bedankte mich mehrmals für die freundliche Mitnahme.

Auf einem größeren Rastplatz mit Tankstelle und Restaurant sah ich dann die ersten Pepsi-Cola-Büchsen und Westzigaretten. Auch hier sah alles viel bunter aus als zu Hause. Nach dem Tanken und einer Toilettenpause ging es weiter. Ich hatte natürlich kein genaues Ziel in Budapest. Im Prinzip war es mir egal, Hauptsache, ich gelangte irgendwie in das Zentrum der Stadt. Einen Stadtplan besaß ich ja nicht. An einer größeren Kreuzung nutzte ich die Rotphase, um schnell den Bus zu verlassen. Ich wurde natürlich überschwänglich verabschiedet und winkte dem Bus noch hinterher. Dann marschierte ich planlos in der Gegend herum und kehrte zunächst in eine Gaststätte ein, um etwas zu trinken. Nachdem ich ein Bier bestellt hatte, gesellten sich zwei Jugendliche zu mir. Vermutlich hatten sie mitbekommen, dass ich erst auf Deutsch und danach auf Englisch bestellt hatte. Ihre erste Frage war denn auch, ob ich aus dem Osten oder dem Westen Deutschlands käme? Ja, was sollte ich darauf antworten? Das Beste war, bei der Wahrheit zu bleiben, denn Westgeld – worauf die meisten scharf waren – hatte ich ja keines. Wir kamen mühsam ins Gespräch und ich bestellte noch eine Runde Bier für uns drei. Auf meine Frage nach einer billigen Unterkunft erzählten sie andeutungsweise von einer Möglichkeit ganz in der Nähe. Einer der Jungs erklärte sich bereit, mich später dort hinzubringen. Die Aussicht auf eine gute Übernachtungsstätte ließ mich eine weitere Runde Bier spendieren. Wir versuchten, uns weiterhin irgendwie zu unterhalten. Dem Gespräch entnahm ich, dass sie noch eine Gegenleistung für die Übernachtung erwarteten. Ich hatte eigentlich nichts anzubieten, außer einigen ungetragenen, recht bunten Socken, die damals Mode waren – und die sie dann auch unbedingt haben wollten. Zu zweit verließen wir also die Gaststätte und gingen circa dreihundert Meter die Straße entlang. An einer Querstraße blieben wir stehen, ich übergab meine Socken und sollte kurz vor der Ecke warten. Mein Begleiter wollte das Nachtquartier für mich klarmachen und mich dann holen. Ich hatte vollstes Vertrauen und wartete wie vereinbart. Es vergingen fünf Minuten, zehn Minuten, und nach einer Viertelstunde war er immer noch nicht zurück. Da wurde ich doch misstrauisch und ging bis zur Ecke, um die Querstraße einsehen zu können. Von meinem Begleiter war weit und breit keine Spur. Stattdessen führte die kurze Querstraße auf eine dahinter liegende Hauptstraße, in die er wahrscheinlich verschwunden war. Das Quartier und meine Socken konnte ich natürlich voll vergessen. Da hatte man mich schön übers Ohr gehauen, und ich ärgerte mich wahnsinnig, wie ich so blöd sein konnte! Nach meinen bisherigen, durchweg positiven Erlebnissen hatte ich überhaupt nicht mit so etwas Hinterhältigem gerechnet. Ab jetzt musste ich wirklich besser aufpassen.

Ein bisschen Zeit blieb mir ja noch, um eine Bleibe für die Nacht zu finden. In der Nähe eines Parks sprach ich dann ein junges Pärchen an und fragte nach einer möglichst kostengünstigen Unterkunft. Wir verständigten uns auf Englisch; sie waren sehr nett und aufgeschlossen, und ich merkte, dass sie mir unbedingt helfen wollten. Ich folgte ihnen in eines der prunkvollen alten Häuser und dachte schon, dort übernachten zu können. In einem riesigen Wohnzimmer stellten sie mich ihrer Familie vor und beratschlagten über Möglichkeiten, mir behilflich zu sein. Nach einigem Hin und Her schien eine Lösung gefunden, die mir die junge Frau auf Englisch mitteilte. Sie gab mir die Adresse eines Studentenwohnheims ganz in der Nähe und erklärte, dass während der Semesterferien die Zimmer billig vermietet wurden. In der Mensa sollte es täglich auch Frühstück geben. Der Freund drückte mir sogar noch 100 Forint in die Hand. Dann brachten sie mich bis vor die Haustür, wo wir uns herzlich verabschiedeten. Ich konnte mein Glück kaum fassen und bedankte mich mehrmals. Der Glaube an das Gute überwog wieder, und so machte ich mich auf den Weg.

Aufgrund der guten Beschreibung fand ich das Studentenheim ziemlich schnell, buchte aber vorerst nur für zwei Nächte. Das Geld meiner Wohltäter reichte fast für die Bezahlung des Zimmers inklusive Frühstück. Die Zimmer waren sehr einfach eingerichtet, Toilette und Waschräume lagen zentral auf dem Flur. Sehr viel Betrieb schien im Wohnheim nicht zu herrschen. Nachdem ich mich etwas frisch gemacht und mein Hemd gewechselt hatte, wollte ich noch einmal in die Stadt. Wie ich feststellen musste, war ich aber ziemlich weit weg vom eigentlichen Stadtzentrum. Ich befand mich auf der hügeligen Seite der Donau, in Buda, wie ich später erfuhr. Die Straße führte vom Wohnheim über die Donau in Richtung des wesentlich flacheren Stadtteils Pest. Eine Vielzahl von Brücken überspannte den Fluss. In den folgenden Tagen sollte ich sie alle noch mehrmals überqueren. Besonders eingeprägt haben sich mir die Margaretenbrücke bei der gleichnamigen Insel, die Kettenbrücke mit ihrer tollen Nachtbeleuchtung und die Elisabethbrücke, eine überaus sehenswerte Stahlkonstruktion.

An diesem Abend lernte ich Gábor kennen, einen Ungarn, der sein erstes Studienjahr in Moskau überstanden hatte und zu Hause seine Semesterferien verbrachte. Wir verständigten uns überwiegend auf Russisch, da hatte er gewisse Vorteile, er stand ja im Training. Englisch war sowieso nicht seine Stärke. Nach acht Jahren Russischunterricht musste ich diese Sprache nun also ernsthaft zur Anwendung bringen. Doch ich war erstaunt, was noch alles in meinem Hinterstübchen hängen geblieben war. Je länger wir miteinander quatschten, desto mehr Wörter sprudelten aus mir heraus. Ob ich viele Fehler machte, weiß ich nicht; mein Gesprächspartner schien jedenfalls folgen zu können. Gábor wohnte in Buda, oben auf dem Berg, auf einem Bauerngehöft. Seine Eltern waren Weinbauern, hatten auch Hühner, Gänse und bewirtschafteten einen großen Gemüsegarten. Wir streiften ein wenig durch verschiedene Stadtteile Budapests, wobei er mir vieles zeigte und zu erklären versuchte. Auf der Plattform der St.–Stephans-Basilika, in etwa sechzig Meter Höhe, hatten wir einen fantastischen Ausblick auf die Stadt. Beim Überqueren des Heldenplatzes hielt mir Gábor einen kleinen Vortrag in Geschichte. Leider verstand ich nur die Hälfte, und so ist auch nichts Nennenswertes hängen geblieben. Nach dem Besuch einer Synagoge lieferte er mich wieder am Studentenwohnheim ab. Allein hätte ich kaum zurückgefunden. Wir verabredeten uns für den nächsten Tag, um die Margareteninsel zu besuchen und baden zu gehen.

Die erste Nacht im Studentenzimmer brachte ich einigermaßen gut hinter mich. Als ich am Morgen eine Treppe tiefer die gemeinsamen Toiletten- und Waschräume aufsuchte, waren einige Leute schon unter der Dusche oder fertig, andere kamen erst. Es herrschte ein reges Treiben auf den Fluren. Auch in der Mensa musste ich mir für das Frühstück erst einen freien Platz suchen. Also war das Wohnheim doch ausgelastet. Das Angebot war sehr spartanisch, aber Kaffee gab es reichlich, und der schmeckte sogar. Vom Studentenwohnheim aus ging ich anschließend bis zur Donau und dann links am Ufer entlang zur Margaretenbrücke, wo wir unseren Treffpunkt vereinbart hatten. Auf der anderen Donauseite war das wunderschöne Parlamentsgebäude zu sehen, ein riesiger, neugotischer Palast aus Kalkstein.

Die Margareteninsel lag mitten in der Donau und war eine richtige Oase. Besonders beeindruckten mich die vielen Rosenbeete, Bäume und Sträucher, alles war wunderbar angelegt und machte einen sehr gepflegten Eindruck. Gábor wollte unbedingt mit mir ins Thermalbad, das einem Freibad ähnelte, mit zahlreichen Umkleidekabinen, verschließbaren Schränken für die Sachen, Duschen, Toiletten und einer Liegewiese. Ich glaube, wir mussten auch Eintritt bezahlen. An einem Kiosk konnte man Getränke, Essen und vor allem Eis kaufen. Die verschiedenen Badebecken waren nebeneinander angeordnet und teilweise miteinander verbunden. Ein größeres sah aus wie ein normales Schwimmbecken mit recht kühlem Wasser. Jedenfalls erlitt ich anfangs fast einen Schock, denn die Lufttemperatur war wesentlich höher. In einem halb überdachten Solebad konnte man auf einer steinernen Bank sitzen, die unterhalb des Beckenrands verlief, sodass der Hals oder die Schultern aus dem Wasser ragten, je nach Körpergröße. Die Temperatur in diesem Becken war mehr als warm, fast schon heiß, eben der umgekehrte Temperaturschock. Ich glaube, es gab auch ein kleineres Kinderbecken. Zur Anlage gehörte zudem eine große Wiese nebst Liegestühlen. Die meisten Besucher hatten aber Decken ausgebreitet, die sie von zu Hause mitgebracht hatten.

Das Bad war um diese Zeit völlig überfüllt. Viele tummelten sich im Wasser, der Rest belagerte die Wiese. Besonders ins Auge fielen mir die vielen hübschen Mädchen und Frauen mit ihren tollen Figuren, der braun gebrannten Haut und den knappen Bikinis. Wir sahen entspannt dem Treiben zu, ohne selbst aktiv zu werden. Natürlich hätte ich gern eine der Schönheiten angesprochen und kennengelernt, aber ich traute mich einfach nicht. Mein neuer Freund Gábor entdeckte dann einige Bekannte, die er freudig begrüßte und mir vorstellte. Es waren Mädchen und Jungen, mit denen er die Schulbank gedrückt hatte. Wir gingen gemeinsam zum Kiosk etwas trinken, und sie tauschten erst einmal Neuigkeiten aus. Ich verstand rein gar nichts und konzentrierte mich mehr auf mein Getränk. Nachdem das Wichtigste besprochen war, bezog mich Gábor ins Gespräch ein. Die Verständigung lief größtenteils über ihn. Das Ungarische hörte sich irgendwie sehr seltsam an, und außer ihrem Trinkspruch kannte ich kein einziges Wort. Was ich jedoch ziemlich schnell mitbekam, war, dass die Mädchen leider schon vergeben waren und ihre Freunde dabeihatten.

Bevor Gábor mit seinen alten Freunden aufbrach, verabredeten wir uns zu einem Rockkonzert. Es sollte einen Abend später auf dem Gellértberg in Buda stattfinden. Ich hatte keine Lust, schon zurückzugehen, und setzte mich in das Solebad. Das Wasser war richtig warm und reichte mir knapp bis zu den Schultern. Plötzlich zogen dunkle Wolken auf, es wurde windig und die Lufttemperatur sank spürbar. Um nicht zu frieren, musste ich unter Wasser bleiben und mich klein machen. So blieb ich längere Zeit sitzen, da ich mich nicht heraustraute. Langsam wuchsen mir Schwimmhäute an den Händen und Füßen. Die Haut wurde völlig schrumpelig, ich weichte förmlich auf. Dann kam auch noch Wasser von oben – es fing an zu regnen. Schließlich wurde es mir doch zu ungemütlich und ich beendete die Sache. Mit viel Überwindung kletterte ich aus dem Becken und suchte bibbernd meinen Garderobenschrank, um mich umzuziehen. Den Rückweg zum Studentenwohnheim kannte ich halbwegs. Also machte ich mich auf, um die letzte Übernachtung und das dazugehörige Frühstück zu genießen; es war ja schon alles bezahlt.

Auf halber Strecke wurde ich von einigen Zigeunern angebettelt, die plötzlich vor mir aus den Büschen auftauchten. Ich konnte sie verhältnismäßig schnell abwimmeln, indem ich meine leeren Taschen umkrempelte und auf Deutsch lautstark auf sie einredete. Inzwischen regnete es nicht mehr und die Sonne kam wieder zum Vorschein. Auf der Straße wurde ich dann von drei jungen Franzosen angesprochen, die mit einem ziemlich klapprigen Citroën 2CV – einer Ente – unterwegs waren. Auf der kleinen, steilen Heckscheibe war ihre Reiseroute aufgemalt. Sie ging von Frankreich über Italien, Jugoslawien, Bulgarien und die Türkei bis nach Rumänien und Ungarn. Leider verstand ich überhaupt kein Französisch; einer von ihnen konnte aber ganz gut Englisch, und wir unterhielten uns eine Weile sehr angeregt. Nicolas, Maurice und Lucien waren Studenten aus Paris, sie hatten Semesterferien und erzählten von ihrer Reise quer durch Europa. Da konnte ich mit meinen Erlebnissen aus Prag und Budapest nicht mithalten.

Wir verstanden uns recht gut, hatten irgendwie einen Draht zueinander. Etwas später rauchten wir gemeinsam Gauloises Blau, eine recht starke Zigarette ohne Filter, und tranken warmes Büchsenbier. Die Franzosen hatten kein Quartier und planten, an irgendeiner ruhigen Stelle im Freien in ihren Schlafsäcken oder im Auto zu übernachten. Seltsamerweise waren sie sehr neugierig auf das Leben in der DDR und wollten eine Menge von mir wissen. So versuchte ich, all ihre Fragen zu beantworten. Allerdings fehlten mir zu diesem Thema etliche Vokabeln, und ich hatte das Gefühl, nicht alles richtig darstellen zu können. Sie wollten unbedingt einmal persönlich das geteilte Berlin besuchen und sich den Ost- und Westteil im Vergleich ansehen.

Nach meinen Ausführungen übernahm ich die Rolle des Zuhörers und lauschte ganz begeistert ihren kleinen Geschichten aus den Ländern, die für mich so unerreichbar waren, als lägen sie auf dem Mond. Besonders schwärmten sie von Istanbul, der pulsierenden Metropole einer ganz anderen, orientalischen Welt. Sie malten ein Bild von altertümlichen Palästen, herrlichen Moscheen, kleinen Gassen und riesigen Märkten in den Stadtzentren. Da gab es reichhaltige Angebote an verschiedenen Gemüsesorten, Gewürzen, Obst, Fleisch, Fisch, Goldschmuck, Teppichen und Kleidung, so weit das Auge reichte. Vieles war auch für sie völlig unbekannt gewesen. Auf den Märkten sollte es nur so von Menschen wimmeln, und die Verkäufer boten schreiend ihre Waren an. Es gab keine festen Preise; sie wurden vor Ort ausgehandelt und teilweise sogar hart erstritten. Die drei begegneten auch vielen verschleierten Frauen; bei einigen sah man nur die Augen, so extrem waren sie verhüllt. Ganz nebenbei erzählten sie, dass sie aus der Türkei Marihuana mitgebracht hätten, was dort leicht zu bekommen sei. Und natürlich fragten sie mich, ob ich schon mal Cannabis geraucht hätte …

Ich hatte selbstverständlich keine Ahnung. In der DDR gab es ja diese Art von Drogen offiziell nicht, und so war es für mich nie ein Thema gewesen. Wir kannten gewisse Substanzen eigentlich nur aus dem Westen, meist im Zusammenhang mit Rockmusikern. Aber auch bei uns sollen wohl einige Leute dubiose Tabletten mit Alkohol kombiniert haben. Sie wollten damit lockerer und entspannter werden. Ich hatte bisher kein Verlangen danach; mir reichte ein kleiner Schwips. Die unangenehmen Nachwehen mit dröhnenden Kopfschmerzen und andauernder Übelkeit waren schlimm genug. Danach schwor man sich, nie wieder so viel zu trinken, aber es klappte relativ selten. Zumal ich ja nicht viel Alkohol brauchte, um betrunken zu sein. Einmal einen Joint zu probieren, interessierte mich aber schon; diese Gelegenheit wollte ich natürlich nicht verpassen. Wir fuhren mit der klapprigen Ente etwas aus der belebten Stadt heraus, um einen ungestörten Rastplatz für die Nacht zu finden. Meine letzte Übernachtung im Studentenwohnheim konnte ich damit natürlich voll vergessen. Aber egal, ich wollte mir die Erfahrung nicht entgehen lassen. Als wir ein geeignetes Plätzchen gefunden hatten, bereiteten wir zuerst die Luftmatratzen und die Decken zum Schlafen im Freien vor. Danach wurde aus Zeitungspapier ein ordentlicher Joint gedreht; er sah aus wie eine kleine Tüte. Wir setzten uns alle vier ins Auto, schlossen die Türen und kurbelten die Seitenfenster hoch. Der Joint wurde vorn angezündet, dann musste man kräftig daran saugen. Der eingesogene Rauch wurde tief in die Lunge inhaliert, danach wurde der restliche Qualm wieder ausgeatmet. So ging der Joint von Hand zu Hand. Ab und zu musste einer husten, meist, wenn er zu stark daran gezogen hatte. Mir brannte der Rauch ordentlich in meiner Lunge, aber ich versuchte, ihn trotzdem kurzzeitig herunterzuschlucken. Der Joint kreiste einige Male, bis er bis zum Mundstück aufgeraucht war. Im Auto konnten wir uns kaum noch sehen, so vernebelt war die Hütte. Alle wurden immer ruhiger und atmeten langsam ein und aus, um noch die letzten Reste zu inhalieren. Danach stiegen wir nacheinander aus dem Auto und legten uns auf die vorbereiteten Matratzen und Schlafsäcke. Jetzt wollte jeder in Ruhe die Wirkung genießen. Ich war sehr gespannt, was passieren würde. Lange brauchte ich nicht zu warten: Ich dämmerte ziemlich schnell dahin und begab mich geistig auf große Reise. Das Seltsame war, dass ich mich hinterher an alle Einzelheiten des Traumes erinnern konnte, was im Normalfall nur sehr selten vorkam. Vielleicht waren es auch nur Halluzinationen. Jedenfalls hatte ich das Empfinden, mit enormer Geschwindigkeit unterwegs zu sein. Zuerst sah ich mich über eine riesige Wasseroberfläche gleiten, dann raste ich lange über Straßen und Wiesen. Häuser, Bäume und Sträucher flogen an mir vorbei. Später befand ich mich plötzlich in der Luft und überflog pfeilschnell Wälder, Berge und Täler, alles ohne Hilfsmittel. Wie war das möglich? Es ging richtig die Post ab und alles rauschte mit Highspeed an mir vorüber. Ich sah ganz deutliche Bilder, fühlte mich frei, leicht und völlig unbeschwert. Es schien, als hätte ich die Strecke von Berlin nach Budapest im Zeitraffer zurückgelegt. Ein Gefühl der Freiheit und Zufriedenheit durchströmte meinen Körper. So ungefähr musste Schwerelosigkeit sein.

Gegen 6 Uhr wurde ich wach, die Blase drückte, die anderen schliefen noch. Kaum einer war zugedeckt, auch meine Decke lag neben mir auf der Wiese. Mir war überhaupt nicht kalt, im Gegenteil, ich war leicht durchgeschwitzt. Langsam kam einer nach dem anderen wieder zu sich, und Hunger und Durst machten sich breit. Nachdem ich diese Nacht auf mein Bett verzichtet hatte, war ja noch ein Frühstück in der Mensa des Studentenwohnheims offen. Außerdem musste ich sowieso zurück, um meine restlichen Sachen abzuholen. Also schlug ich vor, dort gemeinsam zu frühstücken. Alle waren sofort einverstanden, und wir fuhren gleich zum Wohnheim. In der Mensa konnten auch Gäste essen, es war recht billig und kostete nur ein paar Forint. Nach dem eher dürftigen Frühstück verabschiedeten wir uns voneinander, denn meine neuen Freunde wollten weiter nach Wien, wohin sie mich leider nicht mitnehmen konnten.

Was sollte ich auch dort, ich war ja am Abend mit Gábor und seinen Freunden unterhalb der Zitadelle in Buda verabredet. Dort fand ein Open-Air-Konzert mit bekannten ungarischen Beat-Gruppen statt, was mich wieder etwas freudiger stimmte. Zuvor sollte ich mein Gepäck bei Gábor vorbeibringen. Er hatte mir zugesichert, für die nächsten drei Tage bei ihm übernachten zu können. Danach wollte ich meine Tour zum Balaton fortsetzen. Es sollte die letzte Station sein, bevor ich meine Rückreise nach Berlin antreten wollte. Ich packte also meine wenigen Sachen zusammen und machte mich auf den Weg nach Buda in die Berge, um das bäuerliche Gehöft von Gábor zu finden. Es ging ziemlich steil bergauf und wurde immer ländlicher, Obstbäume und Weinstöcke tauchten auf. Als ich mich in der richtigen Straße befand, suchte ich nach der notierten Hausnummer und fand sie an einem zweiflügeligen Holztor, dem Eingang zum Innenhof. Um den Misthaufen in der Mitte standen drei Häuser u-förmig angeordnet, Hühner, Enten, Katzen und Hunde liefen frei herum. Aber ich brauchte keine Angst zu haben, die Tiere waren friedlich und hatten eher Angst vor mir. Nur einer der Hunde kam und schnupperte kurz an mir, zog dann aber wieder gelangweilt ab. Das Haus von Gábors Eltern stand auf der linken Seite, ihnen gegenüber wohnte ein Verwandter der Familie und das Haus in der Mitte wurde von einem Weinbauern bewohnt. Hinter den Häusern erstreckten sich die Obst- und Gemüsegärten. Gábors Zimmer war verhältnismäßig klein, es gab ein Bett, einen Schrank, einen Tisch mit zwei Stühlen und ein großes Regal an der Wand. Das Fenster ging nach hinten zum Garten hinaus. Auf meine Frage, wo ich schlafen sollte, zeigte er auf sein Bett. Er wollte davor auf einer Luftmatratze schlafen. Damit war ich anfangs überhaupt nicht einverstanden, aber ich konnte es ihm nicht ausreden, er bestand als Gastgeber einfach darauf. Da er beinahe richtig böse geworden wäre, gab ich mich geschlagen und akzeptierte es einfach.

Auf dem Konzert oberhalb der Donau trafen wir viele ausgelassene Jugendliche, die genauso verrückt nach Rockmusik waren wie wir und sich wild zu den Rhythmen bewegten. Sehr aufreizend tanzten die Mädchen, die in knappen Miniröcken ihre Hüften kreisen ließen und völlig ausgeflippt wirkten. Sie trugen die aktuelle Mode sehr selbstbewusst und wirkten äußerst sexy.

Ursprünglich kamen die kurzen Röcke aus England, wo sie zum Inbegriff jugendlicher Provokation und Respektlosigkeit wurden. Ende der 60er-Jahre wurden die freizügigen Modelle immer kürzer und erschienen manchmal kaum breiter als ein Gürtel.

Was die Konzertbesucher so frei und beschwingt sein ließ, war mir nicht ganz klar. Entweder war es die tolle Livemusik, das Tanzen oder der Alkoholkonsum, wahrscheinlich alles zusammen. Neben Wein, Bier und Cola wurde auch Hochprozentiges wie Schnaps getrunken. Vielleicht lag es aber auch an der Mentalität der Ungarn. Wie schon in Prag, machten alle ganz spontan mit und mischten sich schnell unter die Tanzenden. Ja, man wurde von der Stimmung regelrecht mitgerissen, ohne Widerstand leisten zu können. Das Musikfieber war total ansteckend und übertrug sich rasend schnell. Ein ganz aktueller Musiktitel – »San Francisco« von Scott McKenzie – wurde auch gespielt, ein Song, den John Phillips eigentlich für The Mamas and the Papas geschrieben hatte. Wir fühlten uns als Teil der Hippie-Bewegung; trotzdem wir weit von ihr entfernt waren, verinnerlichten wir einfach das freiheitliche Lebensgefühl. Etwas später spielten sie dann »Light my fire« von den Doors, einen Titel mit einem irre langen Orgelsolo, begleitet nur vom Schlagzeug. Das Solo wollte nicht enden und die Jugendlichen tanzten sich völlig in Ekstase.

An diesem Abend machte ich zufällig Bekanntschaft mit Jugendlichen aus Ostberlin, die an der Donau in einem Hausboot wohnten. Während unseres Gespräches stellten wir überrascht fest, dass wir gemeinsame Freunde in Berlin hatten. So klein war die Welt. Sehr interessant war der Austausch unserer bisherigen Erlebnisse und der weiteren Pläne. Dabei erfuhr ich, dass sie ebenfalls für einige Tage zum Balaton wollten. In Zamárdi hatten sie die Möglichkeit, auf einer privaten Wiese zu zelten, wobei sie die Sanitäranlagen mitbenutzen durften. In einem ihrer Drei- bis Viermannzelte war noch Platz, den sie mir gerne anboten. Den Ort und die genaue Adresse schrieben sie mir sicherheitshalber auf. In groben Zügen versuchten sie mir dann noch den Weg dorthin zu erklären. Der Ort lag von Budapest aus direkt hinter Siófok, und die Wiese sollte sich etwa fünfhundert Meter vom Plattensee entfernt befinden. Ich stellte Gábor den Berlinern vor und wir redeten noch eine Weile, tranken das eine oder andere Bier und rauchten starke ungarische Zigaretten, die in hellgraues Packpapier eingewickelt waren. Sie hatten keinen Filter, ähnelten vom Geschmack her unserer Karo und waren auch äußerst preiswert. Gábor rauchte dagegen überwiegend selbst gedrehte Zigaretten aus schwarzem Tabak, was für ihn noch billiger war.

Natürlich mischten wir uns wieder unter die Tanzenden. Man konnte einfach nicht stillstehen. Zum Ende des Konzertes gab es einen heftigen Regenguss, sodass wir irgendwo Schutz suchen mussten, um nicht völlig aufzuweichen. Die Bands rockten unterdessen weiter, sie hatten ja ein Dach über dem Kopf. Nach den letzten drei Zugaben löste sich die Veranstaltung so langsam auf und die meisten strömten in Richtung Innenstadt. Ich verabschiedete mich von den Berlinern; sie erwarteten mich wie abgesprochen in einigen Tagen am Balaton. Mit Gábor trat ich dann den

Heimweg ins Bergdorf an. Im Haus waren schon alle schlafen gegangen, also schlichen wir uns leise in sein Zimmer. Die vorher festgelegte Schlafordnung wurde strikt eingehalten, er nächtigte vor, ich im Bett.

Am nächsten Morgen gab es ein ländliches Frühstück mit ganz frischen Hühnereiern direkt aus dem Stall, Speck, Ziegenkäse, Schlachtewurst, Milch und heißem Bohnenkaffee. Die Mutter hatte bereits alles auf den Tisch gebracht. Wir unterhielten uns über alles Mögliche, wobei Gábor für seine Mutter übersetzte. Sein Vater war nach einer Tasse Kaffee schon zur Arbeit verschwunden. Für den späten Nachmittag waren wir beim Nachbarn eingeladen, einem Weinbauern, der – wie schon erwähnt – im Haus nebenan wohnte. Mein Besuch hatte sich schnell herumgesprochen, zumal ich Deutscher war. So war die erste Frage der Nachbarn natürlich auch, ob ich denn aus Ost- oder Westdeutschland käme. Inwiefern es den älteren Leuten wichtig war und mit wem sie mehr sympathisierten, konnte ich nicht herausfinden. Vielleicht handelte es sich nur um eine Standardfrage, es gab nun mal zwei deutsche Staaten. Für den Nachmittag wurden Tische und Stühle im Garten hinter dem Haus zu einer langen Tafel aufgestellt, sodass alle Hofbewohner Platz fanden. Die Vorbereitungen der Gastgeber waren in vollem Gange, es wurden Gläser, Teller, Bestecke, Eselswurst, Ziegenkäse, Paprika, feurige Peperoni und selbst gebackenes Brot aufgetischt. Als alle Platz genommen hatten, wurden die Weingläser gefüllt, mit Rotwein, Weißwein und Obstwein. Mir zu Ehren wurde eine kurze Begrüßungsrede gehalten, dann sollte ich unbedingt von allen Weinsorten mindestens ein Glas kosten. Gábor warnte mich vor den schweren Obstweinen und garantierte mir fürchterliche Kopfschmerzen für den nächsten Morgen. Ich war das Weintrinken sowieso nicht gewöhnt, und tatsächlich hatte ich recht bald einen schweren Kopf und Beine wie Blei. So langsam wurden die Stimmen um mich herum immer leiser. Irgendwann war mein Kopf so schwer, dass ich ihn auf dem Tisch ablegen musste und kurz einschlief. Wie ich ins Bett kam, daran konnte ich mich am nächsten Morgen nicht mehr genau erinnern – Filmriss. Außerdem drohte mein Kopf zu platzen, so brummte mein Schädel. Gábor hatte vollkommen recht gehabt mit seiner Vorwarnung. Beim Frühstück erfuhr ich, dass man mich zu zweit ins Bett verfrachtet hatte, was nicht ganz einfach gewesen sein soll, weil meine Beine ständig weggeknickt waren. Da hatten alle ihren Spaß auf meine Kosten, aber die Sache war auch schnell wieder vergessen.

Ich verlebte noch einige schöne Tage auf dem Bauernhof und lernte durch Gábor andere Ecken von Budapest kennen. So stiegen wir zum Beispiel auf den Gellértberg hoch zur Zitadelle und sahen uns die Festungsanlage und die Freiheitsstatue an. Besonders beeindruckend war natürlich der Ausblick auf die Stadt. Oben im Restaurant lernten wir zwei Bayern kennen, die in den nächsten Tagen zum Balaton fahren wollten. Sie waren mit einem VW Käfer mit aufklappbarem Verdeck unterwegs und boten mir spontan eine Mitfahrgelegenheit an, sodass es zu einer ernsthaften Verabredung kam. Später besichtigten wir noch gemeinsam die Fischerbastei auf dem Burgberg. Dort sah es aus wie auf einer Ritterburg, und die Aussicht über Budapest war noch schöner. Am Tag meiner Abreise verabschiedete ich mich von den Eltern und den Nachbarn, Gábor begleitete mich noch zum Treffpunkt. Wir versprachen uns, weiter in Kontakt zu bleiben und mal zu schreiben. Ich bedankte mich nochmals recht herzlich für die Gastfreundschaft, und dann ging es ab zum Balaton, auch Plattensee genannt.

Im Käfer war kaum Platz, so viel Gepäck befand sich auf der hinteren Sitzbank. Das Auto hatte vorn, wie wir natürlich auch im Osten wussten, einen sehr kleinen Kofferraum, und hinten den Motor; es war quasi heckangetrieben. Es war recht eng für mich, mit meinen langen Beinen. Ich saß praktisch eingekeilt zwischen den Gepäckstücken und den vorderen Sitzen. Aber lieber schlecht gefahren als gut gelaufen, wie man so schön sagt. Wir fuhren ganz gemütlich mit offenem Verdeck in Richtung Siófok. Meine Begleiter, die aus der Nähe von München kamen, waren vielleicht drei bis fünf Jahre älter als ich, hatten ihr Studium abgeschlossen und verdienten schon richtiges Geld, die überall so begehrte Westmark. Als wir in Siófok ankamen, fuhren wir erst einmal kreuz und quer, um den Ort in Augenschein zu nehmen und ganz nebenbei das Hotel ausfindig zu machen. Auffällig waren neben den uns bekannten Automarken die vielen tollen Westwagen – damit war klar, wo die Mehrzahl der Touristen herkam. Beeindruckend waren auch die vielen bunten Verkaufsstände an den Straßenrändern mit einem reichhaltigen Angebot an Obst und Gemüse. Solche roten Paprikaschoten, großen Weintrauben, Melonen, Äpfel und saftigen Pfirsiche hatte ich nie zuvor gesehen. Wenn ich an unser Sortiment dachte, fielen mir nur Äpfel, Kartoffeln, Weiß- und Rotkohl ein …

Bei dem Ort Siófok handelte es sich um eines der größeren Urlaubszentren am Balaton. Hier gab es zahlreiche Hotels, Ferienhäuser und mehrere Campingplätze. Man begegnete vielen internationale Gästen, aber auch Urlaubern aus der DDR. Die meisten von ihnen campten oder mieteten ein kleines Zimmer, da die Hotels und Ferienhäuser viel zu kostspielig waren. Zu den anspruchslosen Quartieren gehörten private Räumlichkeiten in Schuppen, Garagen oder umgebauten Hühnerställen, die im doppelten Sinne billig waren. Dank des Tourismusbooms wurde Siófok Ende 1968 zur Stadt erklärt und erhielt sogar ein eigenes Krankenhaus.[12]

Die beiden Münchener hatten ein Mittelklassehotel nicht weit vom Strand ausgewählt und setzten mich auf meinen Wunsch hin direkt am Ufer des Balatons ab. Wir verabschiedeten uns vorerst voneinander und hofften, uns vielleicht noch einmal wiederzusehen. Ich suchte eine freie Badestelle und wollte mich sofort in die Fluten stürzen, um meinen verkrampften Körper nach der Fahrt zu entspannen. Das ging aber nicht so einfach, weil mir das Wasser nach hundert Metern immer noch nur knapp bis unter das Knie reichte. Als der Pegel dann bis zum Bauchnabel ging, tauchte ich ab und versuchte, etwas zu schwimmen. Aber irgendwie schleifte mein Körper über den schlammigen Untergrund. Der See war eben flach wie eine Platte. Der aufgewühlte Boden ließ das Wasser zudem recht trüb aussehen.

Am Strand lernte ich zwei Mädchen aus Halle kennen, die gemeinsam in Siófok Urlaub machten. Sie wohnten ganz in der Nähe, nutzten ihr Quartier – ein Durchgangszimmer in einem Einfamilienhaus – aber nur zum Schlafen. Den Hinweis auf die Unterkunft hatten sie über die Tourist-Information bekommen. Der Durchgang zum hinteren Zimmer war mit einem lakenähnlichen Vorhang abgeteilt, dahinter standen zwei Betten, ein Schrank und ein kleiner Tisch mit zwei Stühlen. Eine Toilette mit eingebauter Dusche schloss sich an. Im hinteren Zimmer wohnte ein Pärchen aus England, das jedes Mal durch das Zimmer der Mädchen musste. Das Haus war bis unters Dach belegt, alle Zimmer waren privat vermietet, während der Besitzer den Sommer über in seiner Garage wohnte. Es war ein eher älteres Gebäude, hatte aber große neue Fenster und sah innen wie frisch renoviert aus. Warum ich es so gut beschreiben kann? Weil ich natürlich für eine Nacht von den Hallenserinnen aufgenommen wurde. Nicht, dass beide sofort zugestimmt hätten; es brauchte schon etwas Überzeugungsarbeit, bis sie sich einig waren. Ich sollte ganz artig sein, mich heimlich mit ins Haus schleichen und nicht weiter auffallen.

So schüchtern und unerfahren, wie ich im Umgang mit Mädels war, folgte ich aufs Wort. Wir verbrachten die Nacht zu dritt in den Betten, außer einigen zufälligen Berührungen ist wirklich nichts passiert. Ich fand die beiden sehr sympathisch, besonders gefiel mir die Sportlichere von beiden, die auch aktiv Tennis spielte.

Am frühen Morgen, ich lag noch allein im Bett, stand dann plötzlich der Vermieter im Durchgang und schaute kurz hinter den Vorhang. Irgendwie versuchte er, mein Gesicht einzuordnen, was ihm aber offensichtlich nicht gelang, und so forderte er lautstark, dass ich schnellstens zu verschwinden hatte, was er mir auch in meiner Sprache zu verstehen gab. Ich sprang in meine Sachen, schnappte meinen Tornister und verließ mit hängendem Kopf das Haus, wie jemand, der auf frischer Tat ertappt worden war. Ernsthafte Gedanken machte ich mir um den Ärger, den die Mädels mit dem Vermieter bekommen könnten. Für mich war die Sache ja verhältnismäßig harmlos ausgegangen. Wir trafen uns einen Tag später noch einmal in einem Strandbad, und sie erzählten mir, ohne großen Schwierigkeiten davongekommen zu sein. Sie mussten nur eine kleine Ansprache des Hausherrn über sich ergehen lassen. Er bestand darauf, dass neue Gäste unbedingt vorher bei ihm anzumelden seien, niemand dürfe kostenfrei übernachten, finanzielle Verluste könne er sich nicht leisten, er hätte schließlich hohe Kredite abzuzahlen.

Das Strandbad hatte einen tollen, sauberen Badestrand mit großer Liegewiese, Toiletten, Waschräumen und Umkleidemöglichkeiten. Auf dem eingezäunten Gelände befanden sich auch einige Getränke- und Imbissbuden. Um baden zu gehen, musste man Eintritt bezahlen – oder über den Zaun steigen. Es gab auch Liegen und Stühle, die ausgeliehen werden konnten. Wir gingen gemeinsam baden, lagen entspannt auf der Decke und quatschten über alles Mögliche. Später spendierte ich noch ein Eis für uns drei, dann wollte ich mich auf den Weg zu den Zelten machen.

Bevor wir uns mit Küsschen voneinander verabschiedeten, bedankte ich mich nochmals bei den Mädels und wir tauschten unsere Adressen aus. Es konnte ja sein, dass ich mal nach Halle oder sie nach Berlin kamen. Mit der Adresse von Zamárdi in der Tasche machte ich mich dann zu meinem nächsten Ziel auf, um mich dort mit den drei Berlinern zu treffen, wo ein sicherer Zeltschlafplatz auf mich wartete. Doch es kam viel besser: Wir trafen uns zufällig in Siófok auf dem Markt vor dem Bahnhof. Ich wollte eigentlich mit der Bahn nach Zamárdi fahren, der Ort lag westlich von Siófok, ebenfalls direkt am Balaton. Der nächste Zug fuhr aber erst in einer Dreiviertelstunde, also hatte ich noch Zeit und schlenderte über den Markt, um ein paar Pfirsiche zu kaufen. Die Freude meinerseits war natürlich groß und ich schloss mich ihnen an; so konnte nichts mehr schiefgehen.

Ihr Plan war, den Tag über Siófok zu erkunden und anschließend den Weinkeller zu testen. Der war ihnen wärmstens empfohlen worden. Er befand sich etwas außerhalb, in herrlicher Lage auf einer Anhöhe mit Weinstöcken, vielen verschiedenen Obstbäumen, Mandel- und Nussbäumen. Von dort hatten wir einen weiten Panoramablick über den Balaton. Im Keller selbst war es ziemlich finster. Der Wein wurde in kleinen Weinkrügen aus Keramik ausgeschenkt, deren Tüllen vorn stark eingedrückt waren, so wie bei den Bembeln in der Fernsehshow »Zum Blauen Bock« mit Heinz Schenk. Wir waren alle keine Weintrinker oder Weinkenner und hatten anfangs leichte Probleme mit der Bestellung. Die Zahl der unterschiedlichen Weinsorten war groß, aber die halbtrockenen und vor allem die trockenen Weine waren uns zu sauer, weshalb wir nur liebliche Weine bestellten. Natürlich mussten wir auch auf die Preise achten, denn da gab es gewaltige Unterschiede, und unser Geld saß nicht so locker. Der Wein und die Unterstützung der anderen Gäste an unserem Tisch – die ab und zu mal eine Runde spendierten – brachten uns verhältnismäßig schnell in ausgelassene Stimmung, die sich schallwellenförmig durch den Keller auf alle Gäste ausbreitete. Plötzlich fingen sie an einem Tisch an, Volkslieder zu singen und wurden schnell von handgemachter Musik unterstützt. Eine Geige, ein Akkordeon und eine Gitarre begleiteten den Gesang musikalisch. Es war ein ziemlich schwermütiges Volkslied in polnischer oder tschechischer Sprache, hörte sich aber gut an. Danach stimmte unser Tisch ein deutsches Volkslied an. Wir sangen »Hoch auf dem gelben Wagen«, oder versuchten es zumindest. Auch andere Deutsche sangen lautstark mit, sodass wir wenigstens zu hören waren. Es entwickelte sich ein regelrechter Sängerwettstreit. An den Nachbartischen erklangen neue Lieder, und jede Gruppe versuchte, die andere zu übertönen. Kurzzeitig gab es ein völliges Durcheinander, und die Musiker wussten nicht, wen sie eigentlich begleiten sollten. Da stellte sich plötzlich jemand auf eine Bank, um das Chaos zu beseitigen, und dirigierte, dass immer nur einer der Chöre singen sollte. Von nun an wurde jeder Beitrag mit großem Beifall bewertet. Mit dem Gesang der Ungarn und Tschechen konnten wir Deutschen leider nicht ganz mithalten; wir taten uns zu schwer, allen bekannte Lieder zu finden. Also wurde der Wettstreit klar von den anderen dominiert. Mich beeindruckte besonders, dass sie teilweise auch unsere deutschen Lieder mitsangen. Die Stimmung war hervorragend und die Zeit verflog im Nu.

Unser überaus spendierfreudiger Tischnachbar Günther kam aus Göttingen und suchte auch zufällig für die Nacht eine Unterkunft. Schnell wurde er von den Berlinern herzlich eingeladen, und die nächste Runde Wein war im Anmarsch. Günther war mit einem großen Opel Kapitän unterwegs und wollte uns im Anschluss alle nach Zamárdi chauffieren. Wir sahen uns fragend an, doch er winkte ab und versicherte, trotz der paar Gläser Wein immer noch fahrtauglich zu sein. Die letzte Stunde trank er nur noch Cola und dann ging es los. Zu fünft hatten wir im Auto reichlich Platz, es war eben kein Trabant. Das Auto war natürlich mit einem Radio ausgestattet, was Günther ziemlich laut aufdrehte. Auf der kurzen Wegstrecke, einer Straße, die direkt um den Balaton führte, ertönte »Delilah« von Tom Jones. Wie wir schnell mitbekamen, war es Günthers aktuelles Lieblingslied, und so sangen wir den Refrain lauthals mit, sodass er das Radio noch lauter stellen musste:

„My, my, my Delilah
Why, why, why Delilah
So before they come to break down the door
Forgive me Delilah, I just couldn't take anymore.“[13]

Der Rhythmus der Musik übertrug sich direkt auf das Auto, das plötzlich im Takt mitschwang. Da kam nochmals richtige Stimmung auf, wir sprachen noch oft über diese tolle Fahrt. Auf der Zeltwiese angekommen, wurden Günther und mir die freien Schlafplätze zugewiesen, dann gab es einen Schlaftrunk, irgendeinen selbst gebrannten Schnaps aus der Gegend.

Am nächsten Morgen krochen wir schlaftrunken aus den Zelten und nahmen ein erfrischendes Bad im Balaton. Ziemlich zeitig fuhr Günther Richtung Wien weiter; er wollte unterwegs frühstücken. Wir hatten inzwischen mit den Frühstücksvorbereitungen zu tun, einer ging Brötchen und Butter holen, einer setzte im Schuppen Wasser für den Kaffee auf und die anderen beiden deckten den Campingtisch vor dem größeren der beiden Zelte. Das Frühstück zogen wir absichtlich in die Länge, denn keiner hatte so richtig Lust, schon etwas zu unternehmen. Außerdem mussten wir uns erst einmal vom Vorabend erholen und wieder den Kopf freibekommen. Für den späteren Nachmittag waren eine kleine Tour durch den Ort und eine Wanderung zum Aussichtsturm Köhegyi geplant. Von dort sollte man einen unwahrscheinlichen Blick auf die Weinberge und den Balaton haben. Was sich dann auch tatsächlich bestätigte. Die Aussicht war einfach umwerfend – wenn man die vielen Stufen bis zur Plattform geschafft hatte. Auch der katholischen Kirche im Zentrum des Ortes, die im Barockstil gebaut war, statteten wir einen Besuch ab. Dann machten wir noch einen Rundgang durch das Heimatmuseum. Es befand sich in einem altertümlichen Bauernhaus und zeigte, wann und wie die ersten Siedler am Balaton gelebt hatten. Dort erfuhren wir, dass Zamárdi eigentlich nur ein Dorf war.

Am Strand gab es ein großes Freibad mit Liegewiese, wie fast überall am Balaton. Wir hatten durchgehend schönes Wetter und verbrachten die meiste Zeit des Tages im Freibad. Da hatten wir fast alles, was man brauchte: Man konnte schwimmen gehen, Volleyball oder Fußball spielen, in der Sonne liegen, etwas essen und trinken und die Leute beobachten. An den Abenden besuchten wir meist ein Gasthaus oder fuhren nach Siófok in eine Diskothek. Wir versuchten dort, einige Ungarinnen anzubaggern, was uns allerdings nur bedingt gelang. Bis auf einen Tanz und einen Drink an der Bar war einfach nicht mehr drin. Und so blieb uns wieder nur der Alkohol.

Langsam ging mir das Geld aus und ich musste meine Heimreise nach Berlin durchplanen. Ich hatte vor, dieselbe Route wieder per Anhalter zu bestreiten. Bis Budapest wollte ich allerdings mit dem Zug fahren und noch ein bis zwei Tage mit Gábor verbringen. Meine Berliner Freunde wollten noch eine Woche am Balaton bleiben. Was ich wirklich toll fand, war, dass sie mich zur Bahnstation begleiteten und erst gingen, als der Zug abfuhr.

Ich war gut in Budapest angekommen und hatte mich gerade bei Gábor eingefunden, als am zweiten Tag, am 21. August 1968, das Unglaubliche passierte: Plötzlich wurde in den Nachrichten vom Einmarsch der Russen in Prag berichtet. Die Reformbewegung sollte gewaltsam beendet werden! Das Fernsehen zeigte Originalbilder vom Geschehen auf dem Wenzelsplatz. Gábors Eltern erinnerten sich sofort an die Ereignisse von 1956, als sowjetische Truppen den Ungarischen Volksaufstand in Budapest mit Waffengewalt niedergeschlagen hatten.

Niemals hätte ich mir vorstellen können, dass dieser wunderbare Aufschwung, der Wunsch nach etwas mehr Freiheit und Demokratie, einen sowjetischen Eingriff zur Folge haben würde. Das ungarische Fernsehen berichtete von der Besetzung der Tschechoslowakei in der Nacht vom 20. zum 21. August. Wir waren alle völlig fassungslos! Die Bilder waren mehr als beängstigend, einfach grausam. Da damals kaum jemand einen Farbfernseher hatte, wirkten sie besonders düster und apokalyptisch. Hunderte Demonstranten – meist junge Leute – stellten sich den Besatzern entgegen und wurden gewaltsam auseinandergetrieben. Es fuhren sowjetische Panzer über den Wenzelsplatz, um die Menschen gewaltsam zurückzudrängen. Auch Schüsse fielen, und die Menge lief wild durcheinander. Ich verstand die ungarischen Kommentare nicht, brauchte aber auch keinen Dolmetscher. Die Bilder sprachen für sich. Wie gelähmt stand ich vor dem TV-Gerät; die weißen, grauen und schwarzen Bildpunkte brannten sich förmlich in mein Gedächtnis ein. Nicht nur in mir stieg enorme Wut auf, wir alle hatten überhaupt keine Erklärungen und erst recht kein Verständnis für diese Gewalt. Im sogenannten Sozialismus mit Waffengewalt gegen das Volk vorzugehen, widersprach absolut meinem Rechtsempfinden. Und dann noch von unseren angeblich ‚besten Freunden und Verbündeten'! Da zerbrachen Ideale, die nicht mehr zu kitten waren.

Ostbahnhof
Berlin
Warschau
Krakow
Ukraine
Budapest
Bukarest

10 Zeit der Rückreise

Die Nachrichten verbreiteten, dass die Grenzen zur ČSSR geschlossen worden waren, sowohl für den Auto- als auch für den Zugverkehr. Damit war mein Heimweg über die ČSSR abgeriegelt. An der Grenze gab es kein Durchkommen, weder für Mann noch Maus. Schließlich waren die Russen mit ihren Panzern in Prag und duldeten keine weiteren Zuschauer oder gar Unterstützer der Aufrührer. Was meine Finanzen betraf, war mein Geldbeutel schon lange so gut wie leer; auf einen verlängerten Aufenthalt war ich nicht vorbereitet. Wie ein Lauffeuer verbreitete sich dann die Meldung, dass in der DDR-Botschaft für uns Ostdeutsche Überbrückungsgeld ausgezahlt würde. Es sollte auch Informationen zu den Rückreisemöglichkeiten mit der Bahn geben. So musste ich, wie viele andere, zwei bis drei Tage zwangsweise in Budapest verweilen, was aber keineswegs schlimm war.

Der Vater eines Freundes von Gábor – ein Architekt, bei dem wir zu Gast waren – erzählte uns nach den Fernsehbildern aus Prag vom Einmarsch der Russen in Ungarn, den er persönlich miterlebt hatte. Damals war die Niederschlagung des Volksaufstands noch verheerender gewesen als beim Arbeiteraufstand in Ostberlin am 17. Juni 1953. Nun wiederholte sich die Geschichte.

Soweit ich mich erinnern kann, fand der Arbeiteraufstand in unseren Geschichtsbüchern keine große Erwähnung. Ich selbst war in den Fünfzigern noch viel zu klein, um davon etwas mitzubekommen, und wahrheitsgetreue Informationen gab es in der DDR keine. Erst nach der Wende habe ich zu den Ereignissen am 17. Juni 1953 den Roman »Fünf Tage im Juni« von Stefan Heym gelesen, ein Buch, das in der DDR verboten war.

In Ungarn ging es um die Befreiung von der sowjetischen Vorherrschaft. Die Großdemonstrationen begannen Ende Oktober in Budapest. Zwei Wochen später wurde der Volksaufstand durch den Einmarsch der Russen blutig niedergeschlagen. Schon damals wurden alle Mittel zum Erhalt der sozialistischen Staatengemeinschaft eingesetzt; keiner sollte abtrünnig werden. Der Wille des Volkes wurde mit Füßen getreten. Über die Ereignisse von Prag 1968 weiß man heute Folgendes:

„58 Tote, davon 22 in Prag, gab es bereits am ersten Tag des Einmarsches der Truppen von 5 Staaten des Warschauer Paktes in die Tschechoslowakei (...). 17 starben bei dem Massaker vor dem Rundfunkgebäude im Prager Stadtteil Vinohrady (...).“ Insgesamt gab es 108 Opfer, mehr als 500 wurden verletzt. „Die Invasoren boten zur Besetzung (...) 27 Divisionen mit einer halben Million Soldaten auf, rund 6 300 Panzer, 800 Flugzeuge und 2 000 Geschütze.“[14]

Mit ungefähr 200 Forint in der Tasche konnte ich mich bis zur Abreise über Wasser halten. Die Rückreise sollte per Zug von einem der Hauptbahnhöfe erfolgen. Keiner wusste genau, ob wir die ČSSR durchqueren oder umfahren würden. Sicher war hingegen, dass die Route auf keinen Fall über Österreich und die BRD führen würde. Dann war es so weit und wir stürmten einen der ersten Züge. Nach kurzer Zeit war er völlig überfüllt, die Abteile und Gänge voller Menschen, sodass kaum ein Durchkommen möglich war. Es roch unangenehm nach Schweiß, Urin und Zigarettenqualm. Wer einen Platz ergattert hatte oder irgendwie auf einer Stufe oder dem Koffer sitzen konnte, war glücklich. Viele mussten fast die gesamte Fahrt über stehen. Einige zeigten sich solidarisch und teilten sich abwechselnd eine Sitzgelegenheit. Der Weg zu den Toiletten war sehr beschwerlich, man kam kaum durch, ohne dass viele Leute gezwungen waren, aufzustehen. Über viele Fahrgäste musste man geschickt hinwegsteigen. Endlich angekommen, war längeres Warten angesagt. Wenn dann eine Toilette frei wurde, kostete es erhebliche Überwindung, sie überhaupt zu benutzen. Am liebsten wäre ich gleich wieder umgedreht, aber was sollte ich machen? Das Klo war verschmutzt und teilweise verstopft, vom beißenden Gestank ganz zu schweigen. Aber notgedrungen musste man damit zurechtkommen.

Da wir sozusagen Leidensgenossen waren, sprachen wir viel miteinander über unsere Urlaubserlebnisse und die aktuellen Geschehnisse in Prag. Die meisten waren wie ich recht empört und brachten das auch zum Ausdruck. Keiner rechtfertigte den Einmarsch der Russen, im Gegenteil. Völlig überrascht waren wir dann, als unser Zug plötzlich die Grenze zur Ukraine überfahren hatte, das heißt, in die Sowjetunion einfuhr. Viele hatten das gar nicht mitbekommen. Erst die russisch sprechenden Mütterchen auf dem Bahnsteig brachten uns darauf. Die Frauen waren sehr freundlich und boten uns kostenlos Äpfel und Getränke an. Ihr Anblick erinnerte mich sofort an die berühmten Matroschka-Figuren. Die Kleidung der Bäuerinnen war etwas nostalgisch, fast so wie in alten russischen Filmen; von denen gab es bei uns ja reichlich zu sehen. Die Zeit schien hier stehen geblieben zu sein. Wir waren froh, so herzlich empfangen und bewirtet zu werden. Die hiesige Bevölkerung hatten mit all den Vorkommnissen in Prag auch nichts zu tun. Endlich konnten wir uns für längere Zeit die Beine vertreten und ordentliche Toiletten aufsuchen. Die Wartezeit war durch den Spurwechsel bedingt. Wie wir schon aus der Schule wussten, hatten die Züge in der Sowjetunion eine größere Spurbreite und mussten daher für die Durchfahrt gewechselt oder angepasst werden. Jedenfalls stand der Zug recht lange an der Grenze, bis es weiter durch die Ukraine ging. Vor der polnischen Grenze hatten wir erneut einen längeren Aufenthalt, bei dem wieder auf die normale Spurbreite umgerüstet wurde. Danach ging es quer durch Polen bis zu unserer ‚Friedensgrenze'. Es folgte ein längerer Aufenthalt, diesmal zur Kontrolle der Personalien, was für die Grenzer nicht so einfach war. Sie mussten sich mühsam durch den völlig überfüllten Zug quälen und hatten bald die Nase voll. Dann ging es weiter in Richtung Berlin.

Wie lange wir insgesamt unterwegs waren, kann ich heute nicht mehr genau sagen, auf jeden Fall war es eine äußerst stressige Zugfahrt durch unbekanntes Gebiet. Auf dem Bahnsteig am Ostbahnhof herrschte ein reges Treiben, es sah aus wie auf einem großen Lazarettplatz. Überall wuselten Krankenschwestern und Rotkreuzhelfer herum. Alle warteten auf den ankommenden Zug. Man empfing uns sehr fürsorglich, erkundigte sich nach akuten Beschwerden oder Verletzungen und verteilte Getränke und Obst. Ja, sie machten sich richtig Sorgen um uns, ob wir die Fahrt auch heil überstanden hätten. Außer einer leichten Müdigkeit konnte ich persönlich über keinerlei Beschwerden klagen. Wir nahmen die Getränke dankend entgegen und versuchten, so schnell wie möglich mit der S-Bahn nach Hause zu gelangen. Ein großer Teil der Mitreisenden war jedoch noch lange nicht am Ziel; sie mussten sich erst einmal informieren, wie es mit Bus oder Bahn weitergehen sollte. Ich fuhr einfach mit der S-Bahn vom Ostbahnhof direkt nach Schöneweide. Da keine Straßenbahn in Sicht war, lief ich vom Bahnhof nach Hause. Meine Eltern waren sehr froh, dass ich wieder heil zu Hause gelandet war. Sie hatten sich natürlich aufgrund der Ereignisse große Sorgen um mich gemacht. Während meiner mehr als dreiwöchigen Abwesenheit hatte ich kein Lebenszeichen von mir gegeben. Sie wussten im Prinzip nicht, wo ich mich zu welchem Zeitpunkt aufgehalten hatte. Briefe hatte ich gar nicht erst geschrieben, da ich nicht wusste, wie lange die Post gebraucht hätte. Was nützte es, wenn die Briefe nach mir zu Hause ankamen? Mir ging es dort gut und ich konnte mich finanziell über Wasser halten.

Ich hatte natürlich viel zu erzählen, aber auch mörderischen Hunger. Auf die Geschehnisse in Prag kamen wir später auch zu sprechen. Leider hielten sich meine Eltern mit ihrer eigenen Meinung zurück und bestätigten mehr die Auffassungen des »Neuen Deutschlands«, in dem das Unrecht verschwiegen wurde und die üblichen Argumente zur Rechtfertigung des Militäreinsatzes herangezogen wurden. Aus Sicht der DDR handelte es sich um „konterrevolutionäre Umtriebe“ gegen die sozialistische Staatengemeinschaft des Ostblocks, die unbedingt geschützt werden musste, notfalls auch mit Waffengewalt. Und natürlich waren es immer eingeschleuste, revanchistische Elemente aus dem Westen, die Stimmung gegen den Sozialismus machten. Absolut abwegig fand ich jedoch die Darstellung in den DDR-Nachrichten, die Tschechen hätten selbst um die Hilfe der Russen gebeten, also die Panzer persönlich angefordert.

Unsere Ansichten konnten wir an diesem Abend nicht auf einen Nenner bringen, zu unterschiedlich waren die Standpunkte. Meine Eltern wollten mich in meiner Meinung nicht bestärken und versuchten, beruhigend auf mich einzuwirken; sie konnten auch nicht aus ihrer Haut. Was geschehen war, war geschehen, ändern konnten wir es ohnehin nicht mehr.

OSTOCKER
Pils
Rotwein
FKK

11 Zeit an der Ostsee

Nach den aufregenden Tagen in Prag, Budapest und am Balaton hatte ich noch einige freie Tage bis zum Beginn meiner neuen Arbeit, die ich am 2. September antreten sollte. Ich wollte den Zwängen von zu Hause noch etwas entfliehen, da kam mir der Vorschlag von Freunden, ein verlängertes Wochenende in Warnemünde zu verbringen, ganz recht. Jemand hatte dort eine Freundin. Sie war in unserem Alter und hatte eine eigene Wohnung in einer Nebenstraße direkt am Alten Strom. Es handelte sich dabei um einen ausgebauten Dachboden, aber immerhin waren es die eigenen vier Wände. Die Ausbauwohnung hatte man ihr übers Wohnungsamt zugewiesen, als sie volljährig geworden war. Sie war in verschiedenen Kinderheimen aufgewachsen. Warum, darüber sprach sie mit uns kein Wort. Was mit ihrer Familie war, konnten wir ebenfalls nicht in Erfahrung bringen. Ohne Eltern groß zu werden, stellte ich mir ziemlich schrecklich vor. Nun stand sie aber auf eigenen Beinen, hatte eine Arbeit und eine eigene Wohnung. Aber ganz allein wollte sie nicht sein, weshalb sie immer versuchte, Freunde um sich zu haben. Dass sie ein selbstbestimmtes Leben führen konnte, war schon beneidenswert. Wer hatte damals nicht den Wunsch, in diesem Alter von zu Hause auszuziehen? Wer wollte nicht aus dem Schussfeld der Eltern und sein Leben selbst gestalten, ohne nervige Vorschriften und Ratschläge? Aber das war im Normalfall undenkbar und – wie sich noch zeigen wird – nur nach langer Wartezeit und unter gewissen Voraussetzungen möglich.

Ich schloss mich meinen beiden Freunden gern an, und so fuhren wir am späten Nachmittag mit der S-Bahn für 20 Pfennig bis nach Oranienburg, um von dort auf der heutigen B 96 gen Norden zu trampen. Die Strecke führte über Gransee, Fürstenberg, Neustrelitz, Neubrandenburg, anschließend über Güstrow und Laage bis nach Rostock. Bisher war ich diese Route meist mit dem Zug gefahren, immer dann, wenn ich bei Oma und Opa in Rostock die Sommerferien verbringen durfte. Hin und wieder war ich aber auch per Anhalter unterwegs gewesen, jedoch ohne dass meine Eltern und Großeltern davon wussten.

Schon nach kurzer Wartezeit hatten wir Glück, dass uns ein Lkw bis Fürstenberg mitnahm. Danach hielt ein Jeep der sowjetischen Streitkräfte an, unser ‚großer Bruder', wie man bei uns zu sagen pflegte. Eigentlich Vertreter derjenigen, die in Prag mit ihren Panzern aufgekreuzt waren. Aber die beiden Soldaten hatten damit ehrlicherweise überhaupt nichts zu tun; schuldig waren in erster Linie ihre Befehlshaber. Wir saßen im Jeep zu dritt auf der hinteren Sitzbank; es war für alle ziemlich eng und sehr unbequem. Es wurde eine rasante Fahrt, sodass wir uns krampfhaft an den Griffen der Vordersitze festhalten mussten und ordentlich durchgeschüttelt wurden. Der Fahrer und sein Beifahrer amüsierten sich köstlich, da sie merkten, dass wir richtig Schiss hatten. Fast in Schlangenlinien rasten wir auf der Landstraße an den Bäumen vorbei, und kurz vor einem entgegenkommenden Fahrzeug fuhr unser Chauffeur dann wieder halbwegs geradeaus. Wir hatten große Angst, mit einem Auto zusammenzustoßen oder an einem der Bäume zu landen. Unserer Meinung nach waren beide Soldaten nicht ganz nüchtern, eher stark angetrunken. Wir wollten einfach so schnell wie möglich wieder aussteigen und lieber zu Fuß weitergehen. Dafür mussten wir die beiden aber erst einmal zum Anhalten bringen. Also riefen wir so laut, wie es gegen den Fahrtwind möglich war: „Stopp! Stoi! Bitte anhalten!" Tatsächlich bremste der Wagen scharf, und wir wurden unsanft nach vorn gegen die Sitze geschleudert. Die Russen befahlen uns, zügig auszusteigen. Sie lachten und schrien so etwas wie „Dawai, dawai!“ und „Bystro!“, dann rasten sie johlend Richtung Neustrelitz weiter. Wahrscheinlich waren sie ganz in der Nähe stationiert.

Die Kasernen der Russen waren über die gesamte DDR verteilt. Ob in der Stadt oder in den Wäldern – die großflächigen Areale waren meist durch Mauern oder blickdichte Bretterzäune abgeschottet. An den Toren prangten die großen roten Sowjetsterne, dahinter befanden sich ein Schlagbaum und mehrere Wachposten mit Kalaschnikows.

Um uns von dem Schock zu erholen, mussten wir erst einmal ein bis zwei Zigaretten rauchen. Etwas später ergab sich eine Mitfahrgelegenheit bis Güstrow. Unserem neuen Fahrer erzählten wir von dem Abenteuer mit dem Russen-Jeep. Er bestätigte uns, dass es ab und zu Probleme mit den Soldaten gab, besonders wenn sie stark alkoholisiert waren. Aber in seinen Augen waren es ‚arme Schweine‘, die nichts zu lachen hatten, unter sehr schlechten Bedingungen untergebracht waren, unzureichend verpflegt wurden, für wenig Sold Dienst schieben mussten und so gut wie keinen Urlaub bekamen.

Von Güstrow aus reisten wir mit einem Kleinbus weiter. Gegen 20 Uhr kamen wir in Rostock an, wo wir noch einen Doppelstockzug nach Warnemünde erwischten. Vom Bahnhof bis zur Wohnung der Bekannten war es nur ein Katzensprung. Dort wurden wir zwar freudig empfangen, mussten aber erst einmal Bier und Wein holen, um eine kleine Begrüßungsfete feiern zu können. Um diese Zeit hatten natürlich keine Geschäfte mehr geöffnet, um sechs machten alle Läden dicht. Wir mussten es also in den umliegenden Gaststätten versuchen, die häufig jedoch kein Flaschenbier anboten; man hätte entweder einen Siphon, eine Milchkanne oder einen sauberen Eimer mitbringen müssen, um das abgezapfte Bier nach Hause transportieren zu können. In Rostock und Umgebung schmeckte das Bier ohnehin nicht besonders, warm und etwas abgestanden konnte man es überhaupt nicht genießen. Mit dem Flaschenbier hatten wir diesmal Glück, wenn es auch nur Rostocker Hell war. Den Wein mussten wir allerdings zum vollen Gaststättenpreis bezahlen; nur gute Bekannte konnten die Flasche ohne Bezahlung mitnehmen, wenn sie am nächsten Tag einen Ersatz aus der Kaufhalle vorbeibrachten. Aber uns kannte ja keiner. Die Nacht verlief ansonsten sehr angenehm. Wir quatschten, rauchten, tranken und hörten leise Musik bis zum frühen Morgen. Um keine Beschwerden von den Nachbarn zu provozieren, mussten wir uns unauffällig verhalten. Wir hatten uns ja nicht beim Vermieter gemeldet und ins sogenannte Hausbuch eintragen lassen, wie es in der DDR Vorschrift war. Als langsam der Morgen anbrach, verteilten wir uns zum Schlafen im Flur, in der Küche und im Wohnzimmer auf dem blanken Fußboden. Eine Decke und ein kleines Kissen mussten für jeden reichen.

Die Ostseeküste galt durchgängig als Grenzgebiet. Sie markierte in erster Linie die Grenze zum Westen, also zur BRD, zu Dänemark und Schweden. Als Jugendliche hatten wir das anfangs überhaupt nicht so streng gesehen. Und so musste auch ich erst meine Erfahrungen damit machen: Mit einem Freund wollte ich einmal am Strand im Seebad Wendorf übernachten. Zuvor war ich bei meinem Onkel in Wismar zu Besuch gewesen. Eigentlich wollten wir am selben Tag noch mit der Bahn nach Rostock zu meiner Oma fahren. Aber das Wetter war sehr schön, daher fuhren wir mit dem Bus zum Strand, um baden zu gehen. Anschließend gingen wir ganz in der Nähe in einem Restaurant etwas essen und danach wieder zum Strand. Wir beschlossen, erst am nächsten Morgen nach Rostock zu fahren, gingen stattdessen nochmals ins Wasser und genossen den wunderbaren Sonnenuntergang. Dann mussten wir uns ein geeignetes Plätzchen zum Schlafen suchen.

Wir wurden auch sehr schnell fündig. In einem leeren Verkaufszelt, dicht am Strand, krochen wir unter der Zeltplane hindurch und versuchten, auf einem langen und breiten Brett zu schlafen, das wohl als Verkaufstisch diente.

Spät in der Nacht, etwa gegen 4 Uhr, wurden wir durch helles Scheinwerferlicht und laute Geräusche geweckt. In unserem Zelt standen schwer bewaffnete Grenzsoldaten und wollten unsere Personalausweise sehen. Dann erklärten sie uns, dass wir uns verbotenerweise im Grenzgebiet aufhielten und nahmen uns fest. Sie fuhren uns zur Polizeiwache in Wismar, wo wir vorerst getrennt in zwei Verwahrungsräume eingeschlossen wurden. Kurze Zeit später wurden wir dann einzeln verhört. Die ersten Fragen bezogen sich darauf, wohin wir flüchten wollten und wo unser Schlauchboot sei. Wir hatten auf diese Fragen natürlich keine Antworten, wir begriffen ja nicht, was man von uns wollte. Nachdem sie von uns erfuhren, dass wir eigentlich am nächsten Tag nach Rostock wollten und ich die Adresse meines Opas angab, wurde die Befragung abgebrochen und wir konnten gemeinsam den Rest der Nacht in einer der Räumlichkeiten verbringen. Am nächsten Morgen gab es Tee und belegte Brote für uns, wir wurden freundlicherweise zum Bahnhof gebracht und in den Zug nach Rostock gesetzt. Sie hatten mit meinem Opa telefoniert und er hatte ihnen alles bestätigt, sodass man uns wieder laufen ließ.

In Warnemünde schliefen wir derweil schön aus. Zur verspäteten Mittagszeit frühstückten wir dann ausgiebig an einer Imbissbude am Alten Strom und tranken schon unser erstes Bier. Das Wetter lud zum Baden ein. Wir fuhren mit der Autofähre nach Markgrafenheide an den FKK-Strand. Anfangs hatte ich etwas Hemmungen, mich völlig auszuziehen, aber die Mädels machten es uns ohne große Scham vor und verschwanden in den Wellen. Als ich endlich meine Hose abgestreift hatte, rannte ich hinterher, um schnell im Wasser abzutauchen. Die anderen folgten mit großem Anlauf und tollen Hechtsprüngen, bis alle in den Fluten herumtobten. Mit achtzehn Grad war die Ostsee recht warm, sodass wir längere Zeit im Wasser blieben und uns die herumschwimmenden Quallen zuwarfen. Die Mädels fanden das überhaupt nicht lustig und wurden richtig sauer, weshalb wir das Feuer gegen sie einstellen mussten. Wir Jungen alberten indes mit großem Spaß weiter. Glücklicherweise waren es keine Feuerquallen, die sehr unangenehm auf der Haut brennen und starke Rötungen hinterlassen können.

Irgendwann musste man aber wieder aus dem Wasser. So liefen wir schnell zu den Handtüchern und legten uns erst einmal auf den Bauch. In dieser Position konnte man alles entspannt beobachten, bis sich der ‚kleine Mann' wieder beruhigt hatte. Die richtigen FKK-Freaks erkannte man an ihren nahtlos gebräunten Körpern. Wir Jungs hatten hingegen weiße Hintern, die Mädels zusätzlich weiße Brüste sowie Abdrücke von Badehose und Bikini. Mit der Zeit gewöhnte man sich an die Nacktheit und konnte sich auch aufsetzen, aufstehen oder auf dem Rücken liegen. Alle im unmittelbaren Umkreis waren abgelichtet, und es fehlte ein bisschen die Fantasie, wie man sie am Textilstrand brauchte. Später spielten wir sogar mit anderen Badegästen Volleyball. Der Sand fühlte sich dabei nicht immer angenehm an, aber im Wasser war man richtig befreit ohne Textilien – ein tolles Gefühl! So verbrachten wir dann den Rest des Nachmittags.

Am Abend gingen wir am Alten Strom in die »Fischerklause«. Dort stand überwiegend fangfrischer Fisch aus der Ostsee auf der Speisekarte, ein echter Genuss. Wir bestellten uns Scholle und tranken ein paar Bier dazu, damit der Fisch schwimmen konnte. Zum Abschluss spülten wir alles mit einem Rostocker Kümmel herunter. Der Schnaps war ziemlich teuer, das Bier für 48 oder 50 Pfennig dagegen recht billig. Mit 10 Mark konnten wir drei uns also richtig betrinken. Zurück in der Wohnung philosophierten wir über Gott und die Welt und tranken Cabernet, einen recht herben Rotwein, den es bei uns nicht immer zu kaufen gab. Er löste schnell die Zunge und verursachte später ordentlich Kopfschmerzen. Natürlich rauchten wir auch viel zu viel, sodass wir uns in der Küche kaum noch erkennen konnten. Irgendjemand zitierte dann Louis Pasteur, einen französischen Chemiker, den wir aus der Schulzeit kannten. Sein Lehrsatz hatte aber leider nicht zum Lehrplan gehört:

„Es steckt mehr Philosophie in einer Flasche Wein als in allen Büchern dieser Welt.“[15]

Unter diesem Gesichtspunkt wären wir im Unterricht vielleicht mal aufgewacht … Der Rotwein rief jedenfalls noch ganz andere Wirkungen hervor: Die folgende Nacht war etwas unruhig; ich wurde ein paarmal durch laute Lustgeräusche wach, die vermutlich aus dem Schlafzimmer unserer Gastgeberin kamen. Mit ihrem neuen Freund ging es richtig zur Sache, da konnte man neidisch werden.

Am Morgen waren wir alle etwas verkatert und kamen nur schwer in die Gänge. Aber mit einem starken Kaffee, frischen Schrippen vom Bäcker und Wurst vom Fleischer ging es uns bald wieder gut. Wir trieben uns anschließend an der Mole und am Leuchtturm herum, streiften planlos durch Warnemünde und liefen die Promenade ab. Wir gelangten bis zum »Haus Stolteraa«. Ich wusste von meinen Großeltern, dass das Haus für Normalsterbliche nicht zugänglich war, sondern von der Regierung genutzt wurde. Auffällig war die Bewachung des Anwesens. In einem telefonzellenähnlichen Verschlag saßen zwei Volkspolizisten und beobachteten alles von der Straßenseite aus. Wir machten lieber einen großen Bogen um die Villa.

Das »Haus Stolteraa« wurde zwischen 1911 und 1915 als Hotel »Hohenzollern« erbaut. „Mit der Gründung der DDR wurde das Haus enteignet (…), in den Regierungsbesitz der DDR überführt" und umbenannt. Ab 1960 diente es als Gästehaus „für führende Politiker der DDR, des Ostblocks und internationale Gäste aus aller Welt".[16]

Am Abend gingen wir in den Kurpark zum Freilichtkino. Kino unter freiem Himmel war in den Sommermonaten total angesagt. Allerdings konnte man nicht – wie in den USA – den Film im Auto sitzend verfolgen, sondern musste mit harten Holzbänken vorliebnehmen, meist ohne Rückenlehne. Besonders lästig waren auch die vielen Mücken. Gezeigt wurde der Film »Hauptmann Florian von der Mühle«, eine DEFA-Klamotte, die zur Zeit der napoleonischen Kriege spielte. Hauptdarsteller waren Manfred Krug und Rolf Herricht. Ich mochte ‚Manne' Krug als Schauspieler, besonders aus den Filmen »Beschreibung eines Sommers« und »Spur der Steine«. Letzterer wurde leider schon nach drei Tagen verboten, er verschwand ins Archiv und tauchte erst 1989 wieder auf. Rolf Herricht, ein lustiger ‚Blödelheini' aus dem Fernsehen, spielte natürlich eine Witzfigur und es gab reichlich zu lachen. Der Film war ganz leichte Kost, eine sehr unterhaltsame Ablenkung vom Alltag. Die Veranstalter hatten darüber hinaus auch sehr viele Filme aus Frankreich eingekauft, unter anderem mit Louis de Funès. Das war richtiger Klamauk, den ich mir aber gerne ansah. Die andere Sparte waren Mantel- und Degenfilme mit Jean Marais.

Nach meinem heutigen Wissensstand war »Spur der Steine« nicht der einzige Film, der in der Versenkung verschwand, weil er unseren Politbüromitgliedern missfiel. Auch viele Bücher und

Theaterstücke fielen der Zensur zum Opfer. Sie wurden dann im Westen verlegt beziehungsweise dort aufgeführt.

Langsam musste ich über meine Rückreise nachdenken, da bald mein erster Arbeitstag bei der Post anstand. Mein Freund und ich hatten die Absicht, von Rostock mit dem Zug nach Berlin-Lichtenberg zu fahren, allerdings als ‚Schwarzfahrer' ohne Fahrkarte. Im Notfall hätten unsere Eltern dafür geradestehen müssen, aber wir hatten nicht vor, uns erwischen zu lassen.

ROSTOCKER
Pils
Einzelhaft
Polizei

12 Zeit in Neustrelitz

In Neustrelitz mussten wir den Zug aus Rostock fluchtartig verlassen. Grund dafür waren zwei Fahrkartenkontrolleure, die plötzlich auftauchten. Ohne Fahrschein hatten wir zwei Möglichkeiten: eine peinliche Konfrontation oder schnelles, unauffälliges Verlassen des Zuges. Wir wählten Letzteres, und so standen wir zwangsweise auf dem Bahnsteig in Neustrelitz, in der Hoffnung, vielleicht später noch mit einem anderen Zug weiterfahren zu können. Also studierten wir erst einmal ausführlich den Fahrplan. Glücklicherweise gab es später noch eine Möglichkeit, nach Berlin zu gelangen.

Da wir Hunger und Durst verspürten, suchten wir zunächst eine Kneipe in der Nähe des Bahnhofs auf. Nicht weit entfernt befand sich eine Eckkneipe, eine ziemlich heruntergekommene Spelunke. Schon im Eingangsbereich kamen uns dicke, blaugraue Rauchschwaden entgegen. Ich nahm ein Gemisch aus Karo, Juwel, Real und Machorka wahr, wie die Russen ihn rauchten. Und tatsächlich – an einem der drei besetzten Tische saßen vier Russen in Uniform, die aber mehr wie Arbeitskleidung aussah. Wenn ich mich richtig erinnere, tranken sie Wodka oder Weißen; auf ihrem Tisch stand jedenfalls eine Flasche mit blauem Etikett. Sie diskutierten sehr laut miteinander, natürlich auf Russisch. Wir ließen uns an einem freien Tisch nieder, bestellten Bier und ließen uns die Speisekarte bringen. Das Angebot war so überschaubar, dass es auf eine DIN-A5-Seite passte. Eigentlich kannte man es so gut wie auswendig; neben Buletten gab es noch Bockwurst mit Brot oder Salat, auch Spiegeleier konnte man bestellen. Ich bestellte uns die ‚Gummihaken', so nannte man unsere Konsumbuletten. Hälfte Fleisch, Hälfte Schrippen, da brauchte man kein Brot mehr dazu.

Wir blickten immer wieder mal zum Tisch der Russen, die durch ihr lautes Gespräch die Kneipenruhe etwas störten und irgendwie anfingen, zu nerven. Vielleicht holte mich auch das Erlebte in der ČSSR und in Ungarn wieder ein. Das Ganze beschäftige mich doch noch sehr. Vor allem die Bilder der über den Wenzelsplatz rollenden Panzer hatten sich in meinen Kopf eingebrannt. Um uns irgendwie Luft zu machen, schrieben wir auf einen der recht abgegriffenen Bierdeckel: „Russen raus aus Prag!“ Diese vier Worte sollten unseren Protest gegen die gewaltsame Niederschlagung des Prager Frühlings zum Ausdruck bringen. Ich hatte schließlich einen kleinen Teil des Aufschwungs hautnah miterlebt.

Meine zwei Wochen in Prag waren für mich eine irre, fast unbeschreibliche Zeit gewesen, ohne die tägliche Enge und Bevormundung. Ich hatte mich völlig frei gefühlt, richtig unbeschwert, und hatte schnell Kontakt zu Gleichgesinnten gefunden. Wir wollten alle etwas freier sein, die Zwangsjacken abstreifen die ‚alten Zöpfe abschneiden‘, unser Leben selbst gestalten, jeder auf seine Art. Wir akzeptierten einander, waren solidarisch, tolerant und offen für andere Meinungen. Besonders fasziniert war ich von der Musikszene in Prag, die uns Jugendliche freundschaftlich miteinander verband. Wie selbstverständlich wurde dort westliche Rockmusik gespielt, während unsere Führungsriege sie 1965 verboten hatte. Walter ‚Spitzbart‘ Ulbricht hasste diese Musik regelrecht.

Aus dem Jahr 1965 stammt auch folgender berühmt gewordener Ausspruch Walter Ulbrichts: „Ist es denn wirklich so, dass wir jeden Dreck, der vom Westen kommt, nu kopieren müssen? Ich denke, Genossen, mit der Monotonie des Je-Je-Je, und wie das alles heißt, ja, sollte man doch Schluss machen.“[17]

Dennoch gab es auch bei uns Beat-Gruppen. Sie spielten sowohl eigene als auch westliche Rockmusik; allerdings musste bei öffentlichen Auftritten ein bestimmtes Verhältnis zwischen Ost- und Westtiteln eingehalten werden, ich glaube, sechzig zu vierzig Prozent.

Unerwünscht waren auch lange Haare, Jeans und amerikanische Parkas. Jugendliche, die optisch auffielen, wurden sogar von der Polizei verfolgt und schikaniert. Wir sprachen nur von den ‚Bullen', wenn wir die Polizei meinten. Ich glaube, auch im anderen Teil Deutschlands wurden die Polizisten nicht anders betitelt. Von uns wollten sie jedenfalls übertrieben häufig den Personalausweis sehen. Ich wurde das Gefühl nicht los, dass sie uns in gewisser Weise damit provozieren wollten, bis man mal etwas Falsches sagte, und schon konnte man wegen Beleidigung oder Verleumdung belangt werden. Falls man sich körperlich wehrte, galt das sofort als Angriff auf die Staatsgewalt und wurde mit Freiheitsentzug bestraft. Ich hatte sogar davon gehört, dass einigen unter Zwang die Haare kurz geschnitten wurden. In unserem Arbeiter- und Bauernstaat wollte man ein einheitliches Bild der Jugend malen, möglichst in Blauhemd, Präsent-20-Hosen sowie Lederol-Jacken und Kampflieder singend. In Abgrenzung zum Westen sollte eine völlig neue Jugend geschaffen werden, doch der Plan war nur schwer zu realisieren. Die unmittelbare Nachbarschaft zweier grundverschiedener Gesellschaftsordnungen, das deutlich sichtbare Wohlstandsgefälle sowie der tägliche Vergleich in den Medien verkomplizierten das Ganze. Die Angst, mit dem Aufbau des Sozialismus zu scheitern, war förmlich zu spüren. Die DDR und die BRD berichteten am liebsten von den großen Problemen des anderen.

Nachdem wir in Neustrelitz bezahlt hatten, verließen wir die Kneipe. Dabei legte einer von uns beiden den beschrifteten Bierdeckel unauffällig auf einem der leeren Tische ab. Unser Weg führte uns wieder in Richtung Bahnhof, aber wir hatten noch Zeit bis zur Abfahrt des nächsten Zuges, der uns nun nach Berlin bringen sollte. Noch einmal im Dunkeln zu trampen, war uns nach der Hinfahrt nicht geheuer.

Wir hatten noch nicht ganz den Bahnhof erreicht, als uns zwei Bahnpolizisten aufgriffen und gewaltsam in einen Raum der Bahn führten. Es hieß, wir seien vorläufig verhaftet. Einen Grund teilte man uns nicht mit, nur, dass man uns so schnell wie möglich der Polizei übergeben wollte. Uns war schon klar, dass es eigentlich nur um den Bierdeckel gehen konnte, aber wir machten uns da keine großen Sorgen. Vermutlich hatte einer der Gäste oder ein Kellner das Corpus Delicti entdeckt und sofort die Volkspolizei verständigt … Dass wir Ortsfremde waren und durch unser Äußeres auffielen, dürfte ebenfalls Misstrauen geweckt haben. Nach kurzer Zeit kamen zwei Beamte in Zivil, die beide nicht besonders freundlich waren und uns eher wie Schwerverbrecher behandelten. Uns wurden die Arme unsanft nach hinten gebogen und richtige Handschellen angelegt. Sie hatten uns festgenommen, und ein Entkommen war völlig unmöglich. Wo sollten wir auch hin? So wurden wir dann zur ihrem Wartburg getrieben, besser gesagt geschubst. Auf meine Bemerkung, ich könne auch allein gehen, wurde überhaupt nicht reagiert. Als sie uns hinten ins Auto verfrachtet hatten, fuhren sie direkt zum Amtsgericht von Neustrelitz, wo man schon auf uns wartete. Eigentlich war das Gericht um diese Zeit schon lange geschlossen, aber für uns beide war extra eine Richterin dorthin bestellt worden. Sie hatte den Auftrag, vor Ort einen Haftbefehl auszustellen, um uns wegsperren zu können. Begründet wurde die Anklage – und damit unsere sofortige Inhaftierung – mit dem Tatbestand einer gemeinschaftlichen Staatsverleumdung. Der genaue Wortlaut des Haftbefehls fällt mir nach so langer Zeit natürlich nicht mehr ein. Sinngemäß hieß es, wir hätten mit den vier Worten auf dem Bierdeckel ‚unseren großen Bruder', die Sowjetunion, angegriffen und verunglimpft. Aus der Sicht der Richterin war ein sofortiger Freiheitsentzug unbedingt notwendig, da wir für den sozialistischen Staat eine akute Gefahr darstellten. Unsere persönliche Meinung zum Einmarsch der Russen in Prag entsprach nicht der Politik der DDR und richtete sich damit auch gegen unseren Staat. An dieser Stelle war das Grundrecht der Meinungsfreiheit offensichtlich außer Kraft gesetzt.

Was mir erst in den 80er-Jahren so richtig klar wurde, war das starre, zwanghafte Festhalten der DDR und aller Ostblockstaaten am ‚Sozialismus russischer Bauart'. Eigene sozialistische Wege wurden meist als „Konterrevolution" bezeichnet und auf brutale Weise unterbunden; da gab es keinen Spielraum. Ich vermute, dass jeder Versuch, den Sozialismus menschlicher werden zu lassen, einfach Angst hervorrief.

Unmittelbar nach der Verlesung der Haftbefehle trennte man uns voneinander. Jeder wurden in einen zellenartigen Raum mit vergittertem Fenster und einer Pritsche eingeschlossen. Nun war ich zum ersten Mal in meinem Leben inhaftiert und hoffte, die Nacht irgendwie zu überstehen. Am nächsten Tag würde sich alles sicher aufklären. Ich versuchte, mich erst einmal zu beruhigen und die wirren Gedanken in meinem Kopf zu ordnen. Dann ging jedoch das Licht aus, und es wurde immer erdrückender – große Angst machte sich breit. Die völlige Ungewissheit darüber, wie es weitergehen würde, ließ mich nicht los. Die Warterei verschlechterte meinen Zustand enorm. Und ich versuchte krampfhaft, mir die drohenden Konsequenzen vorzustellen. Ich hatte ja keine Ahnung, wie hart das Gesetz uns treffen sollte. Für mehrere Monate weggesperrt und völlig von der Außenwelt abgeschnitten zu sein, war für mich an diesem Abend undenkbar.

Plötzlich ging wieder das Licht an und Schritte und Stimmen waren zu hören. Die Tür wurde aufgeschlossen und zwei Polizisten geleiteten mich in Handschellen auf die Straße. Mit der ‚grünen Minna‘ fuhr man uns streng bewacht zur Haftanstalt in Neustrelitz. Wir durften auf dem Transport nicht miteinander reden, darauf passten unsere beiden Bewacher wie die Schießhunde auf. Man hatte uns die Handschellen während der Fahrt nicht abgenommen. Durch die kleinen vergitterten Fenster des Fahrzeuges sahen wir das nächtliche Neustrelitz. Nun war es wirklich aus mit unserer Freiheit, die wir in den letzten Wochen so unbeschwert genossen hatten. Goethes Worte „himmelhoch jauchzend, zum Tode betrübt“ sollten wir nun mit aller Wucht am eigenen Leib erfahren.

In der Haftanstalt von Neustrelitz angekommen, öffnete sich erst das große Tor, dann wurden unzählige Türen auf- und hinter uns wieder zugeschlossen. Es erfolgte die Übernahme durch die Haftanstalt. Nun waren wir den Gefängniswärtern hilflos ausgeliefert. Von hier drinnen drang nichts an die Außenwelt und umgekehrt. Unsere Haftpapiere wurden vorgelegt, wir mussten uns völlig entkleiden, und jede Körperöffnung wurde genauestens kontrolliert. Wir wurden nach ansteckenden Krankheiten befragt und hinsichtlich Läusebefall und Krätze untersucht. Danach musste man sich mit grober Kernseife unter der Dusche ordentlich schrubben, natürlich unter Beobachtung. Die Duschräume waren sehr marode, mit stark verrosteten Rohrleitungen und Duschköpfen. Überall blätterte die Farbe von den Wänden, und die Wassertemperatur war kaum richtig zu regulieren, entweder war es zu kalt oder man verbrühte sich fast. In der Zwischenzeit wurden die Sachen durchsucht und man bekam seine Hose ohne Gürtel, die Schuhe ohne Schnürsenkel, sein Hemd oder den Pullover und die Jacke wieder ausgehändigt. Die eigene Unterwäsche durfte man auch wieder anziehen. Die persönlichen Wertsachen, wie Personalausweis, Geld, Uhr, Ringe und Ketten, wurden einkassiert. Das Protokoll über unser Hab und Gut mussten wir anschließend unterschreiben, alles war genauestens aufgelistet. Wir waren jetzt offiziell Untersuchungshäftlinge und durften als solche unsere private Kleidung weiterhin tragen, bekamen also keine Anstaltskluft mit Streifen an Hose und Jacke. Für die ‚Verbrecherkartei' wurden noch unsere Fingerabdrücke abgenommen und Passfotos geschossen. Nach der Übergabe eines kleinen Päckchens – bestehend aus einem Bettbezug und zwei Decken, einer Zahnbürste, Zahnpasta sowie einem Stück grober Kernseife und einem brettharten Handtuch – ging es ab in den Arrest.

In Begleitung von zwei Wärtern in dunkler Uniform wurde ich zu meiner Zelle geführt. Wieder öffneten und schlossen sich viele Türen. An die Zellennummer und das Stockwerk kann ich mich nicht mehr erinnern, an meine Zelle aber umso besser: Es handelte sich um einen ziemlich finsteren Raum mit mächtig dicken Außenwänden und einem sehr kleinen vergitterten Fenster in einer Höhe, die man stehend nicht erreichen konnte, sodass maximal der Himmel zu sehen war. Also kein Ausblick auf die Straßen von Neustrelitz. Auf engstem Raum standen drei eiserne Doppelstockbetten und ein Kübel für die Notdurft. An der Wand war ein gusseisernes Waschbecken ohne Spiegel befestigt. Daneben befand sich ein kleines, grob zusammengezimmertes Holzregal für Seife Handtuch und Zahnputzzeug. Aus dem Hahn kam nur kaltes Wasser. Der Kübel, auf dem man sitzend sein Geschäft erledigen konnte, war mit einer zersetzenden, geruchsmindernden Chemikalie gefüllt und hatte einen verschließbaren Deckel. Dennoch verbreitete er einen beißenden Gestank – und das einzige Fenster ließ sich nicht öffnen. Soweit ich mich erinnern kann, wurde er auch nur alle zwei Tage geleert und desinfiziert. Vor den Betten stand noch ein abgewetzter Tisch mit ein paar wackeligen Stühlen und zwei Hockern. Auf den Bettgestellen lagen vollkommen durchgelegene, strohsackähnliche Matratzen. Die Wände waren reichlich bekritzelt und zerkratzt, mit irgendwelchen Sprüchen, Bildchen, Namen oder Zahlen. Es war nur schwer zu entziffern, geschweige denn zu deuten. Die ursprüngliche Farbe an den Wänden war nicht mehr eindeutig zu bestimmen, an einigen Stellen blätterte sie auch schon ab.

Außer mir befand sich kein weiterer Häftling in der Zelle, so konnte ich mir eines der Betten aussuchen. Ich glaube, einen Schlafanzug hatte ich nicht, weshalb ich in meiner Unterwäsche schlafen musste. Trotz der vielen Betten – es war ja eine Sechsmannzelle – war ich völlig allein. Das änderte sich auch nicht bis zu meiner Verlegung nach Berlin, was ich natürlich zu diesem Zeitpunkt noch nicht wusste. Die Einzelhaft sollte sich über einen ganzen Monat hinziehen, ohne jeglichen Kontakt mit anderen Häftlingen, ohne sinnvolle Beschäftigung, ohne Informationen von außen. In der Zelle gab es kein Radio, keinen Fernseher und keine Bücher, nichts, womit man sich hätte beschäftigen können. Meine Bitte, etwas tun zu dürfen oder Lesestoff zu bekommen, wurde einfach ignoriert. Aufgrund der vielen Betten war die Bewegungsfreiheit stark eingeschränkt. Trotzdem schritt ich die Zelle täglich ab, ich wollte ja nicht einrosten. Die Einsamkeit und die Ungewissheit waren am schrecklichsten. Ich ging in der Zelle auf und ab, getrieben von beunruhigenden Gedanken. Es geschah einfach nichts, den ganzen Tag über. Ich wusste nichts mit mir anzufangen und musste aufpassen, mich nicht selbst zu zerstören, mit den vielen Fragen, die in meinem Kopf herumschwirrten. Auf dem Bett liegen und schlafen oder dösen durfte man tagsüber nicht. Regelmäßig erfolgten Kontrollen durch die Wachmänner, immer dann, wenn der Spion an der Zellentür klapperte. Aber irgendwann nahm man das kaum noch wahr.

Zu den wenigen täglichen Höhepunkten zählte die frühmorgendliche Bestandskontrolle aller Häftlinge. Mit lautem Krachen wurde die Zellentür aufgeschlossen und man musste ‚Meldung machen', das heißt, so weit wie möglich Abstand zur Tür halten und laut die Zellenbelegung ansagen. Dabei durfte der Dienstgrad des Wachmanns nicht falsch sein. Meine Meldung lautete: „Zelle XY, mit einem Untersuchungshäftling belegt, Herr Wachtmeister / Oberwachtmeister / Unterwachtmeister!" Je nach Dienstgrad, der nur an den Schulterstücken zu erkennen war, erfolgte die Ansage. Anfangs hatte ich natürlich keinen Durchblick, was die Balken, Sterne und geflochtenen Bänder bedeuteten. Das musste ich erst einmal in den Kopf kriegen. So manches Mal wurde ein Wachmann von mir befördert oder degradiert. Die Wärter fanden das überhaupt nicht lustig, der Tag war dann eigentlich gelaufen. Einen normalen, menschlichen Umgang oder gar Freundlichkeit konnte man vom Wachpersonal ohnehin nicht erwarten. Die Aufseher demonstrierten offen ihre Machtstellung und wollten uns Gefangene einschüchtern und auch erniedrigen. Wir waren klar die Unterlegenen und jeglicher Willkür ausgeliefert. Für sie waren wir alle Verbrecher, ganz ‚schlimme Jungs', die besonders hart angepackt werden mussten.

Heute vermute ich, dass die Gefängniswärter gezwungen waren, entsprechende Weisungen zu befolgen. Sie waren einfach nur Handlanger des Staates, die – wie immer – nur auf Befehl handelten. Die politischen Häftlinge sollten dabei besonders drangsaliert werden, damit sie ihre Ideale aufgaben und letztlich kapitulierten und widerriefen, im schlimmsten Fall sogar kooperierten.

Als einen Tageshöhepunkt konnte man auch das Verlassen der Zelle zum Freigang bezeichnen. Er fand täglich für kurze Zeit auf dem Gefängnishof statt. Wir Häftlinge mussten in einer Reihe gehen, mit gebührendem Abstand zueinander. Mit dem Vorder- oder Hintermann zu reden, war strengstens verboten. Ein kurzer Wortwechsel mit einem Mithäftling war nur möglich, wenn die Wärter miteinander quatschten und uns nicht so intensiv beobachteten. Von frischer Luft konnte man nur bedingt reden, aber der Himmel war zu sehen, ansonsten ringsherum nur Mauern, Betonplatten und Kies dazwischen. Ich musste an Wolfgang Borcherts »Die Hundeblume« denken, aber kein Löwenzahn war zu entdecken. Keinerlei Geräusche gelangten in den Innenhof. Wir waren völlig isoliert von der Außenwelt. Das war schon erdrückend und schlug mächtig aufs Gemüt. Das ständige Alleinsein, mit niemandem reden zu können, zerrte schon gewaltig an den Nerven, und ich war nicht weit davon entfernt, Selbstgespräche zu führen. Irgendwie musste ja alles Geschehene verarbeitet werden. Ich wollte meine missliche Lage einfach nicht akzeptieren. Alles war nur sehr schwer zu ertragen, geschweige denn zu begreifen. Aber welche Chancen hatte ich, etwas dagegen zu unternehmen? Keine. Ich konnte nur abwarten, wie es weitergehen würde. Am meisten quälte mich die Frage nach der Richtigkeit unseres Handelns, und ich konnte keine zufriedenstellende Antwort finden. Meine Zweifel wurden immer größer. War es das wert gewesen? Die Folgen waren einfach zu niederschmetternd – Isolation, Hilflosigkeit, Rechtlosigkeit. Die Ungewissheit belastete mich sehr, und ich war zu diesem Zeitpunkt auf der Stelle bereit, alles zu widerrufen und das Geschehene als Fehler einzugestehen, nur um die Sache endlich abzuschließen. Aber wem sollte ich das mitteilen? Mit zunehmender Einsamkeit schlichen sich auch sehr schnell finstere Gedanken ein. Konnte und wollte ich das länger ertragen? Sollte ich dem Leid ein Ende setzen? Wären wir doch lieber passiv geblieben! Was gingen uns eigentlich die Russen an? Andererseits litt ich einfach mit dem tschechischen Volk und der Jugend. Immer wieder kreisten in meinem Kopf die Bilder von Prag, wo ich zwei fantastische Wochen erlebt hatte, bis dann das Unfassbare geschah. Um nicht völlig durchzudrehen, versuchte ich, die momentane Situation irgendwie anzunehmen und mich mehr abzulenken. Das ging am besten, wenn ich gedanklich meine Reise Revue passieren ließ und in die schönen Urlaubserlebnisse eintauchte. Sobald sich Selbstmordgedanken entwickelten, reaktivierte ich positive Erinnerungen.

Weitere kleine Abwechslungen im Gefängnisalltag waren die täglichen Essenausgaben zur Frühstücks-, Mittags- und Abendbrotzeit. Durch ein lautes Geräusch an der Tür wurde ich regelmäßig aus meinen Gedanken gerissen. Bevor die Zellentür geöffnet wurde, schmulte erst einmal der Wärter durch den Spion. Danach wurden die Riegel krachend zurückgeschoben, der Schlüssel drehte sich lautstark im Schloss, dann flog die Tür auf. Das Essen wurde durch andere, bereits verurteilte Häftlinge verteilt, man nannte sie Kalfaktoren. Mit denen konnte man ab und zu ein Wort wechseln, während der Wachmann schon die nächsten Zellentüren aufschloss. Meistens ging es um das aktuelle Essen, zum Beispiel darum, ob man mehr Brot oder Wurst bekommen könnte. Ab und zu wurde man auch persönlich nach seinem Haftgrund angesprochen oder bekam Informationen darüber, wer in der benachbarten Zelle lag oder wie man an Zigaretten kam. Das Rauchen war nur in den Zellen erlaubt, was mich doch etwas verwunderte. Leider hatte ich weder Zigaretten noch die Möglichkeit, an welche zu kommen. Sie waren eine wichtige Währung im Knast, man konnte sie gegen eine Menge anderer Dinge eintauschen. Es hätte auch Tabak und Zigaretten über den Einkauf gegeben, dazu brauchte man aber Geld. Außerdem wusste ich nichts von dieser Möglichkeit.

Das Essen war jedenfalls sehr gewöhnungsbedürftig: Das Frühstück bestand meist aus Schwarzbrot und Marmelade sowie Muckefuck, zumindest schmeckte das Gebräu nicht nach Bohnenkaffee. Frische Schrippen vom Bäcker, wie zu Hause, gab es natürlich nicht. Zum Mittag servierte man uns häufig wässrige

Suppen mit undefinierbaren Zutaten, geschöpft aus einem großen Kübel. Oft gab es Graupen mit ein paar wenigen Gemüseteilchen und minimalen Fleischeinlagen. Abends wurde Tee mit irgendwelchen müde machenden Zusätzen ausgeschenkt, dann erhielten wir zwei Scheiben Brot und etwas Wurst, ab und zu auch einen Apfel, damit die Zähne nicht locker wurden. Das Essen musste man an der Zellentür in Empfang nehmen. Später wurde das Geschirr aus Blech oder Plaste und das Alubesteck wieder eingesammelt. Mit den Messern konnte man nur schmieren; sie waren so stumpf, da ließ sich beim besten Willen nichts durchschneiden. So sollte wahrscheinlich die Sicherheit sowohl der Häftlinge als auch der Wachmannschaft gewahrt werden.

Mit der morgendlichen Sirene um 6 Uhr wurde auch das Licht in den Zellen eingeschaltet. Dann musste man schnell aus dem Bett sein, denn unmittelbar danach erfolgte die tägliche Anwesenheitskontrolle. Der Wärter baute sich dann in seiner vollen Größe im Türrahmen auf und wartete auf meine Meldung. Ohne ein weiteres Wort wurde die Tür wieder geräuschvoll verriegelt. Am Anfang hatte ich gewisse Angst, bei der Verrichtung meiner Notdurft auf dem Kübel thronend überrascht zu werden. Das legte sich aber mit der Zeit; es war erstaunlich, wie schnell man sich an solche Dinge gewöhnen konnte und regelrecht abstumpfte. Was sollte man auch machen? Die Frage war, wie man sich im Beisein anderer Häftlinge verhalten würde. Da hätte ich weitaus größere Probleme gehabt, die Scham zu überwinden. Im Laufe des Tages wurden die Schlösser und Riegel noch mehrmals strapaziert: für die Mahlzeiten, den Freigang und die Kübelentleerung.

Inzwischen weiß ich, dass das Untersuchungsgefängnis in Neustrelitz zu DDR-Zeiten vom Staatssicherheitsdienst genutzt wurde. Erbaut wurde das Gefängnis schon 1879, dem entsprachen auch die altertümlichen Sanitäreinrichtungen. Die Stasi nutzte das Ge-

fängnis von 1953 bis 1987. Heute ist die Haftanstalt eine Gedenkstätte, ein Ort des Lernens und der Erinnerung.[18]

Mit Sicherheit waren die unmenschlichen Haftbedingungen von der Stasi so gewollt, um die Menschen einzuschüchtern und kleinzukriegen. Leider muss ich heute eingestehen, dass sie damit einen gewissen Erfolg bei mir hatten … Von den Wärtern wurden wir alle gleich schlecht behandelt, da gab es keine Unterschiede, ob man nun Schwerverbrecher, politischer Häftling oder Kleinkrimineller war. Wenn ich heute im Fernsehen Gefängniszellen sehe, wirken sie auf mich fast wie Hotelzimmer.

Was mich besonders beunruhigte, war auch, dass überhaupt keine Befragungen zur Tat stattfanden. Hatte man mich völlig vergessen? Erst viel später erfuhr ich, dass keiner unserer Angehörigen von unserer Verhaftung informiert worden war; sowohl meine Eltern als auch die meines Freundes hatten keine Ahnung, wo wir steckten. Erst nach über einem Monat, als wir bereits nach Berlin überführt worden waren, wurden sie davon in Kenntnis gesetzt, und zwar durch die Polizei, die meinen Eltern einen Besuch abstattete. Die waren natürlich vollkommen erschüttert und konnten es überhaupt nicht fassen. Ihr Sohn befand sich in Untersuchungshaft wegen Staatsverleumdung! Sie machten sich natürlich große Sorgen und waren von der Anklage gegen uns geschockt. Die genauen Umstände unserer Festnahme teilte man ihnen vorerst nicht mit. Sie ahnten nicht, dass es um einen Protest gegen den Einmarsch der Russen in die ČSSR ging.

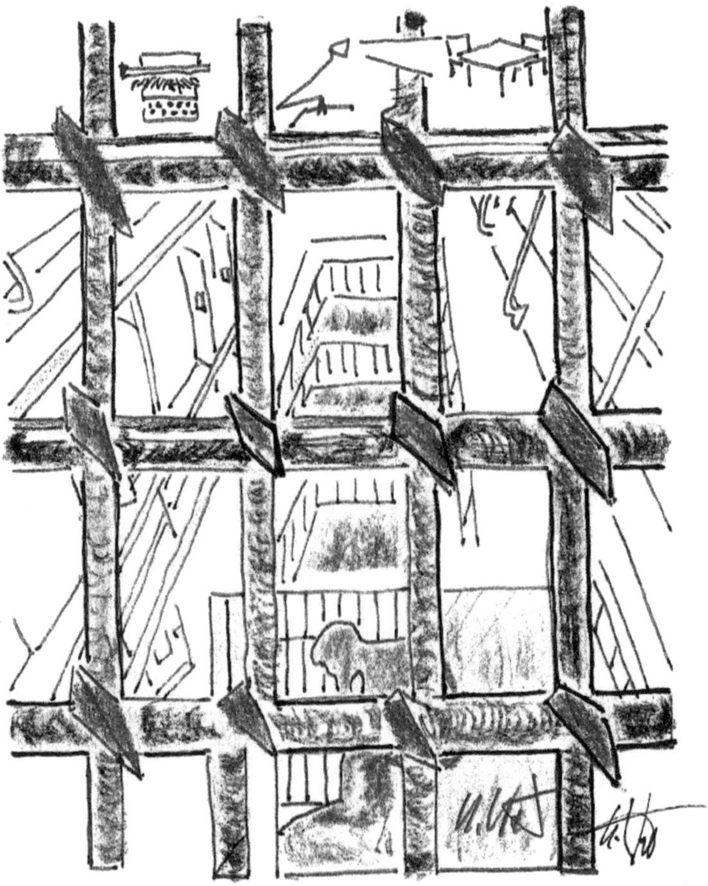

13 Zeit in der Keibelstraße

Ich war ungefähr einen Monat in Neustrelitz inhaftiert, als sich eine Veränderung meiner Situation abzeichnete: Man informierte mich kurz und bündig über meine bevorstehende Verlegung nach Berlin. Bedeutete das etwa, wieder in Freiheit zu kommen, nach Hause zu dürfen, Familie und Freunde wiederzusehen? Ich war natürlich total aufgeregt und gespannt, was passieren würde. In mir flammte die Hoffnung auf, bald wieder frei zu sein; sehr lange konnte es ja nicht mehr dauern. Nach meinem Empfinden war das Strafmaß schon weit überschritten, was sollte da noch kommen? Der vergangene Monat in Einzelhaft hatte sich zudem doppelt so lang angefühlt.

Mein Kumpel und ich wohnten ja in Berlin, somit war mir klar, dass wir auch zusammen dorthin gebracht werden würden. Es dauerte noch einige Tage, bis es dann endlich so weit war. Leider sahen wir uns nur kurz auf der Fahrt zum Bahnhof von Neustrelitz und konnten kaum miteinander reden. Man hatte uns und drei weiteren Häftlingen zur Überführung Handschellen angelegt. Die Fahrt erfolgte in einem Kleinbus mit vergittertem Fenster, der speziell für den Gefangenentransport gebaut worden war. Wir wurden von drei bewaffneten Polizisten streng bewacht. Jedes Gespräch unter uns Häftlingen wurde sofort unterbunden. Für die Übergabe auf dem Bahnsteig bekam jeder Häftling seinen persönlichen Begleitschutz durch einen Wachmann des Häftlingstransportes. Jeder von uns wurde in eines der Zugabteile geführt, die dann von außen verriegelt wurden. Es handelte sich um einen typischen Gefängniswaggon, der in der Mitte eines normalen D-Zuges zwischengekoppelt war.

Der Gefangenensammeltransportwagen (GSTW) der Deutschen Reichsbahn „diente zur Verlegung von bis zu 90 Gefangenen (…). Neben regulären Häftlingen transportierten sie auch politische Gefangene. Bis zu 5 Personen mussten sich die circa 1 m langen und 1,34 m breiten Zellen teilen." Bei maximaler Belegung der Zellen war die Fahrt aufgrund der engen Platzverhältnisse sehr strapaziös.[19]

Im Waggon lagen links- und rechtsseitig viele kleine Zellen, in der Mitte befand sich der Zellengang. Die Fenster waren aus undurchsichtigem Milchglas und zusätzlich von innen vergittert. Damit saß ich also wieder in Einzelhaft. In der Tür war eine Luke zum Zellengang angebracht. Diese konnte aber nur von außen geöffnet werden. An den Wänden neben dem Fenster waren Klappsitze montiert. In dem Waggon befand sich auch eine Toilette für die Strafgefangenen. Wer sie nutzen wollte, musste ordentlich mit der Faust gegen die Tür schlagen, um sich bemerkbar zu machen. Wie lange wir unterwegs waren, kann ich nicht sagen. Es muss aber ein ganz normaler Reisezug gewesen sein, da er oft für längere Zeit anhielt. Die Lautsprecherdurchsagen an den einzelnen Haltepunkten konnte man aus der Zelle kaum verstehen.

Ob in Berlin Ostbahnhof oder in Lichtenberg Endstation für mich war, weiß ich heute nicht mehr. Jedenfalls wurden wir mit einigen anderen Häftlingen in der ‚grünen Minna' Richtung Alexanderplatz gebracht. Auf der Fahrt dorthin konnte man durch winzige Schlitze im Autofenster einige bekannte Gebäude und Straßen erkennen. Besonders beeindruckten mich die vielen Menschen, die völlig frei und unbeschwert herumliefen. Für einen Moment fühlte ich mich zugehörig, doch schon zwei Stunden später saß ich wieder allein in einer Zweimannzelle. Diesmal war ich in der Untersuchungshaftanstalt im Präsidium der Volkspolizei in der Keibelstraße gelandet, direkt am Alex. Die Haftanstalt wurde unter Knastbrüdern auch ‚Keibelritze' genannt. Manche blieben nur einige Stunden oder ein paar Tage. Von hier aus erfolgte dann schnellstmöglich die Verlegung in ein ‚richtiges' Gefängnis, zum Beispiel nach Berlin-Rummelsburg, nach Brandenburg, Bautzen oder Bützow.

Die U-Haftanstalt UHA II in der Keibelstraße wurde 1949/51 nach amerikanischem Vorbild erbaut und galt als eines der sichersten und modernsten Gefängnisse der DDR, ähnlich der berüchtigten Gefängnisinsel Alcatraz. Sie „war der Deutschen Volkspolizei (Vopo) unterstellt und zu DDR-Zeiten gefürchtet. Wer hierhin (…) aufgrund ‚politischer Delikte' oder wegen krimineller Straftaten eingesperrt wurde, musste mit strengen Verhören rechnen."

Nach der Wende wurde die Einrichtung noch bis 1996 als Polizeigewahrsam für den Stadtbezirk Mitte betrieben. Teilweise fungierte sie als Abschiebehaftanstalt. Interessant ist, dass zur Fußball-WM 2006 darüber nachgedacht wurde, „den Zellentrakt zur zeitweisen Unterbringung von randalierenden Hooligans zu nutzen". Dieser Plan wurde dann aber verworfen. In Zukunft „soll das Gefängnis als ‚Lernort' für die politische Bildung dauerhaft zugänglich gemacht werden".[20]

In meiner Zelle befanden sich ein Doppelstockbett, ein Tisch und zwei Stühle, ein Waschbecken und ein Toilettenbecken mit Wasserspülung. Gegenüber der Zellentür hatte ich ein kleines vergittertes Fenster unterhalb der Decke. Die Tagesabläufe ähnelten denen in Neustrelitz. Bei der morgendlichen Meldung sowie der abendlichen Kontrolle und dem Einschluss für die Nacht gab es keinen Unterschied. Auch die tägliche Essenausgabe erfolgte durch Gefangene, das Essen war jedoch geringfügig besser als zuvor. Oder hatte ich mich mit der Zeit daran gewöhnt? Unser Freigang fand auf dem Dach des Gebäudes statt. Dort konnte man über eine Mauer hinweg den Bau des Fernsehturms beobachten, der kurz vor seiner Fertigstellung stand. In den nächsten Hafttagen erwarteten mich zudem vier Neuheiten: Ich hatte mehrere Vernehmungen zum Sachverhalt meiner Inhaftierung, meine Vater hatte sich um eine Besuchserlaubnis bemüht und kam in die Haftanstalt, ich konnte Bücher ausleihen, und einmal wöchentlich war der Einkauf von Waren möglich, natürlich nur, wenn man Geld hatte.

Zur Vernehmung wurde ich in einen speziellen Raum geführt, der sich unmittelbar in dem Gebäude der Haftanstalt befand. Dort standen ein Regal mit Akten, ein Tisch mit Schreibmaschine sowie drei Stühle. Ein sehr freundlicher Herr in Zivil begrüßte mich und bat mich, Platz zu nehmen. Zuerst wurden meine Personalien aufgenommen und in die Schreibmaschine gehämmert, mit zwei Fingern. Danach ging es um unsere Straftat, also um die verhängnisvolle Parole auf dem Bierdeckel. Gegen uns wurde ein Ermittlungs- und Strafverfahren wegen gemeinschaftlicher Staatsverleumdung eingeleitet, ein Vergehen gemäß § 220, Abs. 1, Ziff. 1 und § 22, Abs. 2, Ziff. 2 StGB-DDR. Ich konnte und wollte die sogenannte Straftat auch nicht leugnen und bestätigte alles genau so, wie es an jenem Abend in Neustrelitz abgelaufen war. Auch den Grund unserer Handlung verschwieg ich nicht. Alles wurde protokolliert und mir anschließend zum Durchlesen und Unterschreiben vorgelegt. Danach wurde der Beamte wesentlich strenger. Er machte mir die Schwere unseres Vergehens gegen die Staatsmacht der DDR klar. Seiner Meinung nach war das Einschreiten der Sowjetunion genau die richtige und notwendige Aktion, um die ‚Konterrevolution' in Prag niederzuschlagen. Den ‚ständigen Angriffen der reaktionären Kräfte', geschürt durch die ‚westlichen Revanchisten und deren Propaganda gegen den Sozialismus', sei schlicht Einhalt geboten worden. Wir hätten uns dagegen durch die Lügengeschichten des Westfernsehens in die

Irre leiten lassen. Man würde uns nun genug Zeit gegeben, um über das Geschehene und unsere Fehler nachzudenken. Eine entsprechende Anklage werde an das Kreisgericht in Prenzlauer Berg weitergeleitet. Bis zur Verhandlung sollten wir in Haft verbleiben. Nach dem Verhör ging es sofort wieder zurück in die Zelle.

Einige Tage später wurde nach meinem Freigang die Tür nochmals geöffnet. Man teilte mir mit, ich hätte Besuch und führte mich in einen der Besucherräume. Es war mein Vater, der ziemlich mitgenommen aussah und alles nicht so richtig verstehen konnte. Er machte mir jedoch keinerlei Vorwürfe, sondern versuchte eher, mir Mut zu machen. Seinen Andeutungen entnahm ich, dass er auf jeden Fall über unsere Tat Bescheid wusste. Natürlich war auch ein Wachmann dabei, der das Gespräch mit anhörte. Ich glaube, über Einzelheiten zur Inhaftierung durfte nicht gesprochen werden. So erzählte mir mein Vater von meiner Mutter und meinem Bruder, die sich auch große Sorgen machten und herzliche Grüße ausrichten ließen. Ich erfuhr, dass mein Bruder in der Zwischenzeit geheiratet hatte, weil seine Freundin ein Kind von ihm erwartete. Tolle Sache, mein Bruder heiratete und ich saß im Knast! Aber wer weiß, ob er zu dieser Zeit schon von meinem Schicksal gewusst hat ... Mein Vater hatte bei der Gefängnisverwaltung etwas Geld für den Einkauf abgegeben. Rasend schnell verging die Besuchszeit, dann mussten wir uns voneinander verabschieden. Inniger Körperkontakt war nicht erlaubt. Mir standen die Tränen in den Augen, ich versuchte jedoch, nicht loszuheulen. In der Zelle konnte ich es aber nicht mehr unterdrücken und das Wasser lief mir nur so aus dem Gesicht. Ich brauchte lange, um mich wieder zu beruhigen. Ein wenig tröstete mich das Geld, das mein Vater für den Einkauf dagelassen hatte. Damit konnte man entweder Lebensmittel, Toilettenartikel oder Zigaretten und Tabak kaufen. Ich entschied mich natürlich für Tabak und

Zigarettenpapier, um wieder rauchen zu können. Dabei verging die Zeit und es wirkte beruhigend. Anfangs hatte ich Probleme mit dem Drehen der Zigaretten; sie wollten einfach nicht gleichmäßig zylindrisch werden und sahen aus wie Tüten. Außerdem rieselte ständig der Tabak aus beiden Öffnungen. Ich hatte ja keine praktische Erfahrung und immer nur zugesehen, wenn sich jemand eine Zigarette gedreht hatte. Aber es klappte nach und nach immer besser, war Beschäftigung und Genuss zugleich.

Eines Tages wurde die Zelle aufgeschlossen und ein Häftling mit einem Bücherwagen stand vor der Zellentür. Der Wagen war voll beladen, vor allem mit russischer Literatur von Tolstoi, Dostojewski, Gogol und Ostrowski. Von Letzterem kannte ich den Roman »Wie der Stahl gehärtet wurde«, den wir in der Schule im Deutschunterricht gelesen und besprochen hatten. Ein typisches russisches Heldenepos. Ich glaube, wir mussten uns auch den Film ansehen. Lew Tolstois »Krieg und Frieden« stand im Bücherschrank meiner Eltern, gelesen hatte ich es nicht. Ich suchte für den Anfang nach einem kleineren, dünneren Buch und wählte »Der Leidensweg« von Alexej Tolstoi, passend zu meiner Situation. Die meisten anderen Bücher waren dicke Schwarten und teilweise sehr stark abgegriffen. An den Inhalt des Buches kann ich mich nur vage erinnern, aber ich glaube, es ging um die Irrungen und Wirrungen einzelner Menschen während der Zeit der Oktoberrevolution.

Zur nächtlichen Zellenschließung fing einer der jüngeren Wachtmeister eines Abends ein Gespräch mit mir an. Er wusste, dass ich Abitur hatte und erzählte mir von seiner Abendschule, in der er die zehnte Klasse nachholte. Er hatte einige Probleme in Mathe und fragte, ob ich ihm bei der Lösung einiger Aufgaben helfen könne. Ich erklärte mich natürlich bereit dazu, da es eine weitere Möglichkeit darstellte, die Langeweile zu bekämpfen. So beschäftigte ich mich mit der Lösung von Matheaufgaben – die

Zeit verging und ich musste meinen Grips anstrengen. Auch das Verhältnis zum Wachmann wurde etwas normaler. Er behandelte mich nicht mehr ganz so herablassend. Aber er hatte ja nicht immer Dienst. Für die anderen war ich nach wie vor ‚der Böse', der den Staat angegriffen und diffamiert hatte. Auf großes Verständnis oder Mitgefühl konnte man in dieser Lage nicht hoffen, man musste die Verachtung einfach ertragen.

Ungefähr zwei Wochen vor meiner Verlegung nach Rummelsburg – von der ich im Übrigen erst einen Tag vorher erfuhr – bekam ich einen Mithäftling auf die Zelle. Er war ungefähr zehn Jahre älter als ich und kam aus Leipzig, was nicht zu überhören war. Warum er inhaftiert wurde, konnte ich nicht so richtig in Erfahrung bringen; es hatte wohl etwas mit Republikflucht oder Grenzverletzung zu tun. Nun hatte ich endlich jemanden zum Quatschen! Wir erzählten uns gegenseitig unsere kurzen Lebensgeschichten, diskutierten über Gott und die Welt, drehten unsere Zigaretten und rauchten gemeinsam. Er brachte mir das richtige Zigarettendrehen bei, mit und ohne Hilfsmittel. Er zeigte mir auch, wie man eine Zigarette ohne Streichhölzer anzünden konnte; ein Feuerzeug gab es ja damals noch nicht bei uns. Dazu nahm er etwas Zigarettenasche und zupfte Flusen aus einer Decke. Beides wurde miteinander verbunden und zwischen unseren hölzernen Stullenbrettern kräftig gerieben. Dann wurde der Wollfaden, der leicht glühte, auseinandergezupft und wenn man Glück hatte, konnte man mit der Glut die Zigarette anzünden. Alles musste natürlich sehr schnell gehen. Das Ganze nannte man ihm zufolge ‚Bombe schrubben'. Mein Zellenkumpel konnte auch sehr gut singen; er hatte eine irre Stimme, fast wie ein Opernsänger. Ab und zu sang er Arien und bekannte Melodien, die auch Joseph Schmidt früher gesungen hatte, zum Beispiel »Ein Lied geht um die Welt«, »Dein ist mein ganzes Herz« und »Es wird im Leben dir mehr genommen als gegeben«, was ja auch irgendwie auf meine momentane

Situation zutraf. Manchmal wurde sein Gesang ziemlich laut. Dann hörte man ihn fast in allen Zellen und es gab lautstarken Applaus durch heftiges Klopfen an die Zellentüren. Nach circa einer Woche kam es allerdings zum Eklat. Ohne Vorankündigung wurde ruckartig die Zellentür aufgerissen und zwei Riesen in dunkelgrünen Overalls standen mit Gummiknüppeln im Türrahmen. Ich musste die Zelle verlassen und wurde in einer anderen Leerzelle ‚zwischengelagert'. Als ich ungefähr nach zwei Stunden wieder in meine angestammte Zelle zurückgebracht wurde, war mein Zellenkumpel nicht mehr da, auch all seine Sachen waren verschwunden. Somit war ich wieder völlig allein. Das drückte meine Stimmung sofort wieder auf den Nullpunkt.

Bei einer weiteren Vernehmung erfuhr ich, dass unsere Hauptverhandlung im Stadtbezirksgericht Prenzlauer Berg bald eröffnet werden sollte. Die Vorbereitung unseres Prozesses war nun abgeschlossen, wir sollten nach Rummelsburg verlegt werden und dort bis zum Gerichtstermin in Haft bleiben. An eine Aufhebung der U-Haft war bis zur Hauptverhandlung nach wie vor nicht zu denken. So ging es weiter im gewohnten Trott, langsam war die Auflehnung verschwunden und ich ergab mich meinem Schicksal. Nun ging es nur noch darum, die Zeit ohne Schaden zu überstehen. Die anhaltende Ungewissheit konnte einen zermürben. Da half es nur, wieder an völlig andere Dinge zu denken, zu rauchen, ins Buch zu schauen oder die Zelle zu vermessen. In einem Gefängnisbus wurden ich dann mit mehreren Häftlingen nach Rummelburg transportiert. Die meisten von ihnen kamen – wie ich – ins Haus 3, direkt an der Spree. Es wurde von den Häftlingen ‚Haus am See' genannt. Ja, viele Zellen hatten Fenster mit ‚Meerblick', wie man sie sich im Urlaub wünscht. In der Haftanstalt waren nur Männer inhaftiert, bis zu 900 Häftlinge konnten in den insgesamt drei Häusern untergebracht werden.

Nach der Wende erfuhr ich, dass das Gefängnis Rummelsburg ursprünglich ein Arbeitslager für Waisenknaben war und Ende des 19. Jahrhunderts erbaut wurde. 1990 wurde die Haftanstalt aufgelöst. In den Gebäuden sollen sich inzwischen wohl Mietwohnungen und ein Hotel befinden.

14 Zeit in Rummelsburg

In Rummelsburg erfolgte – ähnlich wie in der Keibelstraße – erst einmal die Aufnahme der neu angekommenen Häftlinge. Dabei hatte das Wachpersonal keine Eile. Wir wurden aufgeteilt und in größere Verwahrungsräume gesteckt. Es folgte nach und nach die Kontrolle sowie die personaltechnische Behandlung jedes Einzelnen, die Übergabe der notwendigen Utensilien, und anschließend wurden wir auf die verfügbaren Zellen verteilt. Auf dem Weg zu meiner Zelle war ich sehr gespannt, was mich hier erwarten würde. Natürlich war auch etwas Angst dabei. In den oberen Stockwerken sollten sich überwiegend Gemeinschaftszellen befinden und unten die Einzelzellen. Es ging die Treppe nach oben, das hieß, mich erwartete Gesellschaft.

Die Zelle, in die ich kam, war schon mit vier Häftlingen belegt, alle älter als ich. Anfangs herrschte eine äußerst angespannte Atmosphäre, bis wir allmählich ins Gespräch kamen. Zuerst wurde ich natürlich über den Grund meiner Inhaftierung ausgehorcht. Also musste ich ‚die Hosen herunterlassen'. Ich berichtete kurz von meiner Verhaftung und den darauf folgenden Ereignissen. Später erfuhr ich dann nach und nach die Geschichten der anderen. Der ‚Chef im Ring' war Charly, ungefähr Mitte vierzig und ein Muskelpaket. Er saß wegen gleich mehrerer Delikte ein und war nicht das erste Mal im Gefängnis. Die Liste seiner Straftaten war lang: Er zahlte keine Alimente, ging keiner geregelten Arbeit nach und war als Zuhälter in der Friedrichstraße tätig gewesen. Vor dem Mauerbau hatte er in Westberlin gelegentlich Kohlen ausgetragen und noch andere lukrative Nebenjobs angenommen. Dadurch hatte er immer ‚eine dicke Marie', wie er es nannte, also ein volles Portemonnaie. Im Osten hingegen lohnte sich die Arbeit für ihn nicht, vor allem, weil fast die Hälfte seines Geldes vom Staat für Unterhaltszahlungen eingezogen wurde. Charly machte täglich seine Kraftübungen, um fit zu bleiben. Dabei war er sehr erfinderisch und nutzte das gesamte Zelleninventar für seine Trainingseinheiten, meist zwei Stühle und den Tisch. Manchmal animierte er uns, einige Übungen mitzumachen. Wahrscheinlich wollte er nur sehen, ob ihm jemand ebenbürtig war.

Der zweite in der Rangfolge war Dieter, circa 30 Jahre alt und politischer Häftling. Er hatte an der Humboldt-Universität Germanistik studiert und wurde aufgrund seines enormen Allgemeinwissens ‚der Professor' genannt. Dieter hatte eine Briefmarke mit Walter Ulbrichts Konterfei in drei Teile zerschnitten, sie verkehrt auf einen Brief geklebt und diesen abgeschickt. Der Brief konnte leicht zurückverfolgt werden, da Dieters Absender darauf stand. Ein ganz eifriger Postbeamter muss den Brief an eine der staatlichen Behörden übergeben haben, sodass es zur Festnahme kam. Der Vorwurf lautete Staatsverleumdung, genauso wie bei mir. Dieter trug sein schwarzes Haar etwas länger, er war recht groß und hatte eine schlanke Figur. Er war häufig die ordnende Hand, falls es mal Streitigkeiten gab, und selbst Charly ließ sich von seinen Argumenten oft überzeugen.

Einen politischen Hintergrund hatte auch das Schicksal Norberts, der irgendwie wegen geplanter Republikflucht aufgegriffen worden war. Er stammte aus Halle. So richtig schlau wurde ich nicht aus seinen Erzählungen, aber vielleicht wollte er gar nichts preisgeben. Wer weiß, vielleicht hatten die Wände ja Ohren. Ich hatte sowieso das Gefühl, dass durchaus nicht alles stimmte, was so erzählt wurde. Der vierte Zellengenosse war Peter. Er schien der Älteste von uns zu sein. Bei seiner Straftat handelte es sich um ein Sexualdelikt, genauer gesagt, um den Verdacht einer Vergewaltigung. Auch er sprach kaum über seine Tat und war insgesamt sehr verschlossen. Peter war klein, etwas rundlich, und sein Haar war schon etwas lichter. Wie ich etwas später mitbekam, war noch keiner meiner Zellengenossen verurteilt worden; wir alle saßen noch in U-Haft. Zwei warteten aber bereits auf ihre unmittelbar bevorstehende Hauptverhandlung.

In der recht engen Sechsmannzelle befanden sich drei Doppelstockbetten, ein größerer Tisch mit Stühlen, ein Waschbecken und eine Toilette. Der Raum hatte zwei höher liegende vergitterte Fenster mit Blick auf die Spree. Da die oberen Betten schon belegt waren, musste ich mir eines der unteren aussuchen. Dort lagen für gewöhnlich die ‚Bettnässer', also die Rangniedrigsten. Mit so vielen verschiedenen Leuten auf engstem Raum zu leben, war nicht so einfach, manchmal sogar ziemlich stressig, aber immer noch besser als Einzelhaft. Dieter, unser Schlichter, sorgte redegewandt für eine gewisse Balance zwischen den Gemütern.

Unser täglicher Rundgang erfolgte im Hof, der von einer hohen Mauer und Stacheldraht umgeben war. Vor der Mauer gab es noch einen Drahtzaun, hinter dem bissige Wachhunde an der Leine liefen. Wir mussten immer in derselben Richtung im Kreis gehen. Leise Gespräch mit den eigenen Zellengenossen waren erlaubt, aber Kontakt mit anderen Zellenbewohnern durfte man nicht aufnehmen. Wir wurden streng überwacht. Es gab auch einen ganz berüchtigten Schließer, der die Zellentür so schnell aufbekam, dass man förmlich zusammenzuckte, wenn er plötzlich in seiner ganzen Größe vor einem stand. Sein Name fällt mir heute leider nicht mehr ein. Das Öffnen der beiden Türriegel und die Drehung des Schlüssels im Schloss erfolgt innerhalb von Sekunden, sodass man keine Chance hatte, vom Klo zu kommen, falls man darauf saß.

Während ich mit einem kleinkriminellen, zwei politischen und einem Sexualstraftäter die Zelle teilte, waren im anderen Teil des Traktes Mörder, Totschläger und Spione untergebracht. Sie blieben beim Freigang unter sich. Täglich konnten wir sie aus dem Fenster beobachten. Von ihnen wurden richtige Schauermärchen erzählt, deren Wahrheitsgehalt aber recht fragwürdig war. Einer sollte beispielsweise seine Erbtante umgebracht, sie zerstückelt und als Sülze in Gläsern eingeweckt haben. Bei seiner Verhandlung wurde er, wie es üblich war, zu einem letzten Wort vor dem Gericht aufgefordert. Er äußerte wohl den Wunsch, man möge ihm das letzte Einmachglas bringen … Das war schon mächtig abgefahren! Ich dachte ja immer, in unserem Staat gäbe es so gut wie keine Mörder, aber wahrscheinlich wurde nur nicht darüber berichtet. Hier drehten hingegen Mörder, Totschläger, Frauenschänder und Pädophile vereint ihre Runden. Auch Westberliner Menschenschleuser saßen als Staatsfeinde ein. Sie hatten versucht, ausreisewillige DDR-Bürger über die Grenze zu bringen, natürlich gegen Geld.

Seit 1962 wurden politische Häftlinge gegen Valuta in den Westen abgeschoben, das heißt, die DDR betrieb quasi Menschenhandel. „Zwischen 1964 und 1989 wurden insgesamt 33 755 politische Häftlinge für mehr als 3,4 Milliarden DM freigekauft.“[21]

Den meisten Mördern drohte in der DDR die Todesstrafe, die bis 1981 vollstreckt und erst 1987 offiziell abgeschafft wurde. Die Vollstreckung erfolgte mit dem Fallbeil und ab 1968 durch Erschießen. Allerdings gab es nie Berichte darüber; alles war streng geheim und wurde vertuscht. Hinrichtungen gab es natürlich nur in der BRD, das war für unsere Funktionäre und die Presse ganz klar und wurde politisch gehörig ausgeschlachtet. Im Arbeiter- und Bauernstaat durfte es solche Dinge einfach nicht geben.[22]

Ich wusste darüber auch nur so viel, wie unsere Zeitungen, das Radio und das Fernsehen vermittelten, nämlich gar nichts. Alles, was auf »Rias Berlin« erzählt wurde, galt natürlich als gelogen und propagandistisch. Erst nach der Wende stieß ich auf Informationen über die Hinrichtungen in der DDR:

Zwischen 1949 und 1981 wurden 48 Mörder, 64 NS-Verbrecher und 52 politische Häftlinge hingerichtet. Der Letzte, dessen Todesurteil vollstreckt wurde, war Werner Teske, ein Hauptmann des Ministeriums für Staatssicherheit, der sich wohl in den Westen absetzen wollte.[23]

In Rummelsburg verstrichen die Tage in vollkommener Monotonie: frühzeitiges Aufstehen, notdürftige Körperpflege, Kontrolle und Meldung der Vollzähligkeit nach erster Zellenöffnung. Bei der zweiten Öffnung wurde meist das karge Frühstück verteilt. Marmelade aus großen Pappeimern war der Renner, da durfte es immer etwas mehr sein. Anschließend drehten wir uns Zigaretten und rauchten, bis die Bude richtig blau war. Natürlich wurde während der ganzen Zeit die Kloschüssel recht häufig beansprucht, was der Raumluft immer wieder eine neue Duftnote verpasste. Manchmal liefen die Wärter nach der Zellenöffnung etwas grün an; die ausströmende Duftwolke nahm ihnen fast den Atem. Dann mussten schnellstens die Fenster angekippt werden, wodurch die Temperatur in der Zelle allerdings rapide sank. Und wie heißt es so schön: Erfroren sind schon viele, erstunken ist noch keiner.

Geraucht wurde gern gemeinsam, aus Langeweile und zur allgemeinen Beruhigung. Natürlich waren wir auch süchtig nach Nikotin. Charly war so routiniert, dass er eine Zigarette praktisch in der Hosentasche drehen konnte. Keiner konnte sich erklären, wie das funktionierte. Den Tabak und das Papier bezogen wir über den Einkauf, der einmal wöchentlich stattfand. Zigaretten und Tabak wurden außerdem rege getauscht, fungierten also auch hier als Zahlungsmittel. Man konnte mit seinem Geld auch Lebensmittel zukaufen, aber das machten nur die absoluten Nichtraucher. Wenn das Zigarettenpapier vor dem nächsten Einkauf zur Neige ging, nahmen wir Zeitungspapier, das wir im Übrigen auch beim Toilettengang benutzen mussten, denn Klopapier war ‚Goldstaub'. Für den Tauschhandel kontaktierten wir die unter oder über uns liegende Zelle. Zuerst musste man mehrmals heftig gegen die Heizungsrohre klopfen, dann stocherte man mit der Toilettenbürste das Wasser aus dem Klo. Das Gleiche machten die Zellenbewohner über oder unter uns, und dann konnte ‚telefoniert' werden. Hierfür wurde entsprechend laut ins Klo gebrüllt, sonst war eine Verständigung nicht möglich. Einer musste währenddessen an der Zellentür Wache halten, damit wir nicht erwischt wurden. Der Warenaustausch erfolgte meist über die Fenster. Angebunden an eine Strippe wurden die gewünschten Artikel heruntergelassen beziehungsweise hochgezogen. Vorher musste aber erst sichergestellt werden, dass die Fenster nicht von unten beobachtet wurden. Eine Übergabe durch die Mithäftlinge der Essenausgabe war ebenfalls möglich, wenn man sie näher kannte und ihr Vertrauen gewonnen hatte.

Ein schwieriges Thema war die Hygiene. Manchmal ging es zum gemeinschaftlichen Duschen mit Kernseife und Handtuch. Dann wurden auch die Unterwäsche und die Socken gewechselt. Natürlich stand der Duschraum unter Beobachtung durch Wärter. In unserer Etage gab es aber glücklicherweise keinerlei Übergriffe; man konnte die Seife also ruhig mal fallenlassen … Zweimal während meiner Haftzeit wurde auch ein Friseurbesuch angeordnet, speziell für die Leute mit starkem Bartwuchs. Das war bei mir noch nicht notwendig. Ein raues Handtuch reichte auch, und die hatten wir. Die Friseure waren keine professionellen Hairstylisten, sondern Gefangene wie wir. Aber wen interessierte schon das Ergebnis; es gab ja ohnehin kaum Spiegel. Die Laienkünstler gingen sehr forsch mit Kamm und Schere zu Werke, Stufen waren keine Seltenheit. Häufig kam auch die Haarschneidemaschine zum Einsatz, für die extrem kurzen Frisuren. Ich glaube, Vollglatze zu schneiden war verboten. Einigen Kandidaten wurden jedoch zwangsweise alle Haare abrasiert, weil sie Kopfläuse hatten, was nicht selten vorkam. Dann ging es immer gleich allen Zellengenossen an den Kragen, wegen der Ansteckungsgefahr, und Puder gegen den Juckreiz gab es obendrauf. Darüber hinaus waren auch Filzläuse weitverbreitet. In diesem Fall wurde der Genitalbereich rasiert und mit einer Flüssigkeit eingerieben, die fürchterlich brannte. Aber der Schmerz ließ ziemlich schnell nach – bis die Haare wieder sprießten und es anfing, wie verrückt zu kribbeln. Einige Insassen bekamen auch die Krätze, andere brachten sie von woanders mit. Diese ansteckende Hautkrankheit wird durch Milben hervorgerufen löst einen höllischen Juckreiz aus. Die Betroffenen wurden sofort isoliert und mit speziellen Salben behandelt. Gerade im Gefängnis, auf engstem Raum und ohne ausreichende Körperpflege, breiteten sich all diese Dinge recht schnell aus und standen immer wieder auf der Tagesordnung. Schon bei der Einweisung in die Haftanstalt legte man daher besonderes Augenmerk auf Parasitenbefall.

Jeden Abend wurde in allen Zellen das Licht gegen 21 Uhr gelöscht. Dann war Nachtruhe angesagt, das heißt, man musste sich ins Bett legen. Am Tage war es ja verboten, aber meine Mithäftlinge kannten die Zeiten, in denen auch die Wachmannschaft mal Pause machte und keiner der Spione bewegt wurde. Wir nutzten die Chance und ruhten uns kurz aus, insbesondere auf den oberen Betten, die nicht so gut einsehbar waren. Abends unterhielten wir uns manchmal noch im Flüsterton. Irgendeiner hatte immer etwas zu erzählen. Am meisten redete aber Charly, der uns ausführlich und recht plastisch von den vielen Filmen erzählte, die er in Westberlin im Kino gesehen hatte. Häufig war es auch ein gutes Einschlafmittel, da man beim Zuhören langsam eindöste. Harte Western mit viel Knallerei und Pistolenduellen waren seine absoluten Favoriten. Die trug er mit besonders viel Leidenschaft vor. Er kannte sogar alle Schauspieler beim Namen.

Auch in Rummelsburg bekam ich Besuch von meinem Vater. Es war Anfang Dezember, und er machte mir Hoffnung, möglicherweise bald entlassen zu werden, vielleicht noch vor Weihnachten. Anscheinend stand eine gerichtliche Entscheidung bevor, die eine weitere Inhaftierung nicht mehr rechtfertigte. Ansonsten durften wir einmal im Monat auch einen Brief nach Hause schreiben, der aber – wie unsere Presse – streng zensiert wurde. Die Umstände unserer Straftat, die Haftbedingungen und Beschwerden aller Art durften grundsätzlich nicht thematisiert werden. In diesem Sinne verfassten wir unsere Post und hatten keine Ahnung, was letztendlich beim Empfänger ankam. Beim Schreiben wurden wir tatkräftig von unserem Professor unterstützt. Er konnte tolle Briefe verfassen und wusste mit der deutschen Sprache umzugehen. Am Tage fanden hin und wieder Kartenspiele um Zigaretten statt. Da ich damals noch kein Skat konnte und Klammern bis heute nicht gelernt habe, war ich leider ausgeschlossen. So verlegte ich mich mehr auf das Schachspielen, wobei ich aber gegen Dieter und Charly fast immer verlor, was auf Dauer auch keinen rechten Spaß machte. Und die anderen beiden konnten gar kein Schach. Ansonsten blieb uns nur noch der Sport. Charly machte täglich seine Übungen und bezog uns des Öfteren mit ein. Dann ging es um die Anzahl der Liegestütze, die jeder so schaffte, oder um Kniebeugen, Bauchmuskelübungen in verschiedenen Variationen und andere Kraftakte. Aufgrund der eingeschränkten Bewegungsfreiheit in der Zelle und dem doch recht kurzen Freigang waren diese Aktionen nicht schlecht, und ich machte jedes Mal motiviert mit. Schließlich kannte ich einige der Übungen durch meinen Rudersport. Charly konnte jedoch keiner das Wasser reichen, was er uns auch immer wieder aufs Butterbrot schmierte. Er war unser Champion und Boss im Zellenring, mit viel Knasterfahrung und großem Maul. Wir waren in seinen Augen nur Grünschnäbel, Bettnässer mit Nullerfahrung.

Ernährungstechnisch wurde auch in Rummelsburg gespart, denn die Suppen zum Mittagessen waren sehr wässrig und mit undefinierbaren Inhaltsstoffen versehen. Meist guckten mehr Augen rein als raus ... Selbst eine Küchenschabe als Fleischeinlage war nicht selten. Besonders häufig gab es ‚Kälberzähne' oder Graupen, wie man sie offiziell nennt. Schließlich waren wir ja nicht im Hotel untergebracht, sondern in einem DDR-Gefängnis; da herrschten raue Sitten. Ich glaube, mit dem heutigen Strafvollzug ist das überhaupt nicht zu vergleichen.

Der Mensch ist ein Gewohnheitstier, sagt man, und tatsächlich verflog meine große Angst mit der Zeit. Auch die Ungewissheit dominierte nicht länger mein Denken. Viel schlimmer konnte es eigentlich nicht mehr kommen; wichtig war, die Zeit einfach zu überstehen, bis das Ganze endlich vorbei war.

Mein Vater sollte recht behalten, denn kurz vor Weihnachten endete der Spuk ganz plötzlich: Mein Freund und ich wurden aus der Haft entlassen – ohne Verhandlung, ohne Vorstrafe in den Akten, ohne weitere Erklärung. Am Ende des Jahres war die ČSSR wieder ‚auf Kurs gebracht', die Geschehnisse in Prag waren offensichtlich nicht mehr aktuell und es bestand keinerlei öffentliches Interesse mehr. Der Prager Frühling war Vergangenheit. Für unseren stillen Protest hatten wir fast vier Monate in drei verschiedenen Gefängnissen verbracht. Man hatte uns die Freiheit genommen und Lebenszeit gestohlen. Aber so war das in der DDR – wer unbequem war, wurde weggesperrt, zum Schweigen gebracht oder ausgebürgert. Auf öffentliche Diskussionen wollte man sich nicht einlassen, das hätte vielleicht einen unerwünschten Dominoeffekt ausgelöst.

15 Zeit der Entlassung

Unsere Entlassung erfolgte am 20. Dezember 1968. Wir wussten, dass es sich um keine allgemeine Amnestie vor dem Weihnachtsfest handelte. Irgendwie hatten sich andere Leute für uns eingesetzt, vielleicht auch ein bekannter Rechtsanwalt. Wie wir später erfuhren, war das Verfahren gegen uns eingestellt worden. Egal, wie es zustande kam, wir waren heilfroh, wieder in Freiheit zu sein! Bevor wir gemeinsam die Haftanstalt in Rummelsburg verlassen konnten, vergingen noch einige Stunden, und ich saß wie auf Kohlen. Dann bekamen wir endlich unsere Wertsachen ausgehändigt. Bis auf den Personalausweis wurde uns alles übergeben. Als Ersatz erhielten wir einen kleinen Haftentlassungsschein, mit dem wir uns nach den Feiertagen bei der Polizei melden sollten. Sogar etwas Restgeld vom Einkauf bekamen wir ausgezahlt. Alles wurde wieder genauestens protokolliert und musste durch eine eigenhändige Unterschrift besiegelt werden.

Am späten Nachmittag setzte man uns dann endlich vor die Tür der Haftanstalt. Natürlich hatte man niemanden von unserer plötzlichen Entlassung informiert, und so stand auch keiner zum Abholen bereit. Nun mussten wir zusehen, wie wir allein nach Hause kamen. Zunächst marschierten wir gemeinsam zum Bahnhof Ostkreuz. In den Sommerklamotten war uns ziemlich kalt, aber wir genossen die Freiheit und die frische Luft – sofern man in der Nähe des Kraftwerks Klingenberg davon sprechen konnte, wo pausenlos dunkle Rauchschwaden in den Himmel stiegen. Aber die Bewegung im Freien tat uns trotzdem sehr gut, außerdem hatten wir einander viel zu erzählen. In der Nähe des S-Bahnhofs kehrten wir noch kurz in eine Kneipe ein, um ein Bier zu trinken. Dafür reichte unser Geld bei Weitem aus, denn ein Bier kostete circa 50 Pfennig, eine S-Bahn-Fahrkarte nur 20 Pfennig. In der

Kneipe hielten wir es aber nicht lange aus; es drängte uns einfach nach Hause. Auf dem Bahnhof Ostkreuz angekommen, verabschiedeten wir uns voneinander. Mein Kumpel fuhr mit der Bahn in Richtung Schönhauser Allee und ich nach Schöneweide. Wegen meiner Kleidung sahen mich die Leute etwas komisch an, und ich hatte das unangenehme Gefühl, man könnte mir ansehen, dass ich gerade aus dem Gefängnis entlassen worden war.

Zu Hause gab es ein freudiges Wiedersehen mit meinen Eltern. Sie waren allerdings weniger überrascht als erwartet. Offenbar wussten sie, wann ich entlassen werden sollte, nur die genaue Uhrzeit war ihnen nicht bekannt. Mein Bruder wohnte schon länger nicht mehr zu Hause, da er inzwischen geheiratet hatte und zu seiner Frau und den Schwiegereltern gezogen war. Damit hatte ich unser kleines gemeinsames Zimmer nun für mich allein. Viel Platz war zwar nicht vorhanden, aber im Gegensatz zur Gefängniszelle konnte ich es nach Belieben verlassen. Mein altes Bett, ein Kleiderschrank, ein Tisch mit Stuhl und ein kleinen Wandregal teilten sich eine Fläche von neun Quadratmetern.

Die Weihnachtsfeiertage verliefen sehr ruhig und besinnlich. Es gab endlich wieder ein reichhaltiges Frühstück mit Brötchen, weich gekochten Eiern, Schinken und meiner Lieblingswurst, ein schmackhaftes Mittagessen, und zum Heiligabend Wiener Würstchen mit Kartoffelsalat – wie immer. Die Feiertage verbrachte ich völlig zurückgezogen. Ich verließ kaum das Haus und nahm auch keinen Kontakt zu alten Freunden auf. Es wusste ja auch keiner, dass ich schon entlassen worden war, oder wo ich überhaupt abgeblieben war. Im Kreise der Familie gab es genügend Gesprächsstoff, vor allem darüber, was möglicherweise noch kommen würde und wie es nach dem Jahreswechsel für mich weitergehen sollte.

Zunächst musste ich mich auf dem Polizeirevier in Berlin-Johannisthal melden, um dort meinen Personalausweis abzuholen. Meinen Entlassungsschein durfte ich als Andenken behalten. Mittlerweile ist er aber nach mehreren Umzügen abhandengekommen. Anschließend sollte die Frage der zukünftigen Arbeitsstelle geklärt werden. Ich bekam die Anweisung, so schnell wie möglich eine Arbeit aufzunehmen, und zwar schon Anfang des neuen Jahres. Man versicherte mir, dass mein Verfahren eingestellt worden und ich damit nicht vorbestraft sei. Eine Notiz in meiner Kaderakte brauchte ich angeblich auch nicht zu befürchten. Ob das der Wahrheit entsprach, sollte sich erst später herausstellen.

BMHW III

16 Zeit nach der Inhaftierung

Unmittelbar nach den Jahreswechsel, im Januar 1969, meldete ich mich in der Kaderabteilung der »Berliner Metallhütten- und Halbzeugewerke« (BMHW) in Schöneweide. Die Arbeitsstelle hatte man mir direkt zugewiesen, mit einer zeitlichen Bindung von mindestens drei Monaten. Im Werk 3 in Oberschöneweide bestand akuter Arbeitskräftemangel, was an den ziemlichen schlechten Arbeitsbedingungen in diesem Betriebsteil gelegen haben dürfte. Die Fluktuation der Belegschaft war entsprechend hoch. Das Werk befand sich auf der gegenüberliegenden Spreeseite. Somit musste ich jeden Tag die Treskowbrücke überqueren, entweder zu Fuß oder mit der Straßenbahn. Letzteres lohnte sich aber nur im Notfall, da man lediglich eine oder zwei Stationen fahren musste, entweder von der Haltestelle in der Brückenstraße oder vom Bahnhof bis zum Königsplatz. Meistens absolvierte ich den Weg zu Fuß, häufig auch bei schlechtem Wetter. Es war ja Winter und die Straßenbahnen fuhren nicht so regelmäßig. Besonders unangenehm war das Überqueren der Brücke bei starkem Schneetreiben. Da wirbelten einem die Flocken um die Ohren und es kam mir vor, als wenn ich auf der Stelle treten würde.

Der Meister und alle anderen Kollegen wussten bereits, dass ich aus dem Gefängnis kam. Dass meine Kaderakte keinen Vermerk enthielt, war offenbar eine Desinformation gewesen. Aber keiner störte sich daran; ich war bestimmt nicht der Einzige, der gesessen hatte. Ich war als Verbunddreher eingestellt, das bedeutete, ich musste Lagerbuchsen drehen – auf Leistung und in Dreischichtarbeit. Es sollte kein Zuckerschlecken werden, zumal ich nie zuvor in Schichten gearbeitet hatte. Das letzte Mal hatte ich bei meiner Lehre an einer Drehbank gestanden. Damals hatte man versucht, uns den Umgang mit Dreh-, Hobel- und Fräsmaschinen beizubringen. Einiges war hängengeblieben, vieles gelang mir aber gar nicht, wie zum Beispiel fachgerecht einen Drehstahl anzuschleifen. Aber zum Glück hatten wir dafür einen sogenannten Einrichter, der die Drehmaschinen ein- und umrüstete, je nachdem, was gerade bearbeitet werden musste.

Der Löwenanteil unserer Tätigkeit bestand in der Bearbeitung von Lagerbuchsen aus Verbundmaterial in den verschiedensten Abmessungen. Sie wurden auf Länge, Innen- und Außendurchmesser gedreht. Das alles fand in einer großen, recht düsteren Halle statt, in der auch am Tage durchgehend das Licht brennen musste. Die Hallenfenster waren wohl jahrelang nicht geputzt worden. Links und rechts vom Gang standen die Drehmaschinen ziemlich dicht aneinandergereiht. Aufgrund der geringen Distanz kam es häufiger vor, dass einem heiße Späne vom Hintermann in den Nacken fielen. Dann zuckte man plötzlich zusammen, da es höllisch brannte. Besonders unangenehm war es, wenn der Span ins Hemd rutschte und dort erstarrte; das gab schöne Brandflecken.

Große Schwierigkeiten bereitete mir die Akkordarbeit. Im Gegensatz zu den älteren Kollegen schaffte ich es einfach nicht, in 450 Minuten Arbeitszeit die geforderte Stückzahl zu erreichen. Dementsprechend schlecht fiel auch meine Bezahlung aus. Bei ungefähr 75 Prozent Normerfüllung war meine Lohntüte relativ dünn, denn auch hier wurde das Geld Ende des Monats bar ausgezahlt. Es war immer viel zu wenig, aber was sollte ich machen? Diese Arbeit lag mir einfach nicht. Man gab uns Neuen auch nicht die sogenannten Schweinebraten, also Arbeiten mit hohem Zeitfaktor pro Stück, womit man die Tagesnorm leichter erfüllen konnte. Besonders schwer war auch das stundenlange Krummstehen an der für mich zu niedrigen Drehbank. Hinzu kam der ständige Schichtwechsel, der den ganzen Kreislauf durcheinanderbrachte, vor allem in der Nacht, die eigentlich der Erholung dienen sollte.

Dieser ungewohnte Rhythmus war einfach mörderisch, schlauchte ungemein und erschwerte eine vernünftige Planung der verbleibenden Freizeit. Ich konnte mich einfach nicht daran gewöhnen; längerfristig war das nichts für mich. Mit unserem Schichtmeister hatte ich dagegen keine Probleme. Er war kaum älter als ich, und seine Leidenschaft war Motocross, ein für damalige Zeiten sehr kostenintensives Hobby, speziell was die Ersatzteile betraf. Er war total in Ordnung, konnte gut mit uns umgehen und fand immer die richtigen Worte. Probleme wurden ganz in Ruhe geklärt und man hatte immer den Eindruck, dass seine Entscheidungen sachlich richtig und gerecht waren. Er behelligte uns auch nicht mit irgendwelchen gesellschaftlichen Aktivitäten.

Nach Schichtende mussten die Maschinen sauber an den nachfolgenden Kollegen übergeben werden. Die ‚alten Hasen' gingen vorher duschen und waren zur Übergabe schon umgezogen. Ich packte das zeitlich einfach nicht und musste bis zur letzten Minute an meiner Maschine verbringen. Ich war aber nicht der Einzige, der erst zum Schichtschluss duschen konnte. Die zusammengefegten Späne an den Maschinen wurden von einem älteren Kollegen abgefahren, der immer leicht angetrunken wirkte und unverständliches Zeug redete. Einige hielten ihn für verrückt. Nach der Arbeit gingen wir dann oft noch ein Bier trinken, egal ob wir gerade eine Früh-, Nachmittags- oder Nachtschicht überstanden hatten. Manche Kollegen genehmigten sich sogar schon vor der Schicht ein Gläschen und kamen mit einer leichten Fahne in die Halle! Es gab jedenfalls immer Kneipen, die geöffnet hatten. Gleich an der Ecke am Königsplatz war der »Treffpunkt«, und auf dem Weg zum Bahnhof lagen noch vier weitere: die »Brückenquelle«, »Die Haltestelle«, »Der Lindenbaum« und das »Jägerheim«. Manchmal ‚versackten' wir auch und kamen leicht angetrunken nach Hause, wo wir dann direkt ins Bett fielen und erst ein bis zwei Stunden vor Schichtbeginn wieder aufstanden. Damit war der gesamte Tag mehr oder weniger gelaufen. Die Woche, in der ich Nachmittagsschicht hatte, war für die Freizeitgestaltung besonders blöd, und in der Nachtschicht war man ständig müde. Der ‚Totpunkt' kam meist zwischen 3 und 4 Uhr, wo man fast im Stehen an der Maschine einschlief.

Die ständig wechselnden Arbeitszeiten und der übermäßige Alkoholkonsum blieben nicht folgenlos. Einmal fuhren wir nach der Nachtschicht mit der Straßenbahn zum »Feierabend«. Diese Kneipe – gegenüber des »Kabelwerks Oberspree« (KWO) – hatte täglich von 6 bis 18 Uhr geöffnet und war immer rappelvoll. Dort standen die Zapfhähne nie still; das Bier floss praktisch pausenlos in die Gläser. Wir verbrachten fast die komplette Frühschicht an der Theke und kippten ein Glas nach dem anderen. Entsprechend benebelt ging es anschließend mit der Bahn nach Hause, wo ich mich sofort ins Bett legen musste und fest einschlief. Nach einigen Stunden meldete sich natürlich meine Blase. Da es draußen ziemlich dunkel war, schrillten meine Alarmglocken: Hatte ich die Nachtschicht verschlafen? Schnell schmierte ich mir ein paar Stullen. Als ich gerade das Haus verlassen wollte, kamen mir im Flur meine Eltern entgegen und fragten, warum ich es denn so eilig hätte. „Ich muss zur Arbeit", war meine Antwort. „Aber es ist doch erst 18:30 Uhr und deine Schicht beginnt kurz vor 22 Uhr", sagte meine Mutter. Das brachte mich völlig aus der Fassung!

Nach drei Monaten Arbeitsplatzbindung hatte ich endgültig die Nase voll. Ich wollte eine andere Arbeit, möglichst in meinem erlernten Beruf, schon wegen der besseren Bezahlung als Facharbeiter. Als Ungelernter bewegte man sich nur in den unteren Lohngruppen und hatte kaum Aufstiegschancen. In meinem speziellen Fall kamen noch die hohen Lohnabstriche durch die ständige Unterschreitung der Norm dazu. Bei der Arbeitssuche hatte ich große Unterstützung durch einen Kollegen, mit dem ich mich etwas angefreundet hatte. Er wollte ebenfalls ‚das Handtuch schmeißen‘ und sich einen neuen Job suchen. Ganz begeistert sprach er vom »Werk für Fernsehelektronik« (WF), ebenfalls in Oberschöneweide. Eines seiner überzeugendsten Argumente war, dass dort überwiegend Frauen arbeiteten. Also bewarben wir uns gemeinsam – und ich wurde angenommen. Vom Königsplatz aus waren es noch vier weitere Stationen mit der Straßenbahn. Das Kombinat bestand aus drei Werkteilen mit fast 9 000 Mitarbeitern. Von den zwei anderen Werkteilen lag eines in Pankow, das andere in Lichtenberg. Dort wurde eine Vielzahl an elektronischen Baugruppen, Halbleitern und Schwarz-Weiß-Bildröhren hergestellt.

Mein Einstieg in den neuen Betrieb erfolgte Anfang April 1969 als Chemiefacharbeiter. Wieder wussten der Abteilungsleiter und der Meister über meine Haftzeit Bescheid, und auch unter den neuen Kollegen hatte die Information bereits die Runde gemacht. Ich bestand natürlich auf einen Job in Normalschicht, obwohl die Hälfte der Abteilung im Zweischichtsystem arbeiten musste. Mein Kumpel lief mir nach anderthalb Monaten in der Kantine über den Weg. Er hatte in der zentralen Materialkontrolle des Betriebes angefangen und überbrachte mir die traurige Nachricht, dass unser ehemaliger Meister der BMHW beim Motorsport tödlich verunglückt war. Er hinterließ eine junge Frau und ein Kleinkind.

Das Leben ging weiter, und ich versuchte es nach meinen Möglichkeiten einzurichten. Ende Mai traf ich auf einer Party meinen Freund, mit dem ich wegen des Bierdeckels verhaftet worden war. Wir hatten in der Zwischenzeit nichts voneinander gehört; jeder hatte erst einmal mit sich selbst zu tun und musste sein Leben neu ordnen. Auch er arbeitete wieder in seinem Beruf und hatte zunächst einige Schwierigkeiten mit der ihm zugewiesenen Arbeitsstelle. Wir thematisierten die Vergangenheit nicht weiter, sondern waren froh, wieder auf freiem Fuß zu sein. Außerdem hatte man uns ja nicht verurteilt, was sollten wir uns da vorwerfen?

In den Sommermonaten von Juli bis September zelteten wir mit gemeinsamen Freunden an der Großen Krampe in Berlin-Müggelheim auf einem Dauerzeltplatz. Zeitweise waren wir sechs bis acht Personen in zwei kleinen Viermannzelten. Vom Zeltplatz aus fuhren wir zur Arbeit und danach trafen wir uns wieder an der Bucht. Die Hälfte hatte Normalschicht, die anderen arbeiteten in zwei Schichten oder nur abends im Theater als Kulissenschieber und Beleuchter. Der eigentliche Grund für dieses ‚Lotterleben' war nicht unbedingt die Liebe zur Natur und der frischen Luft. Als Zwanzigjähriger wollte man einfach weg von zu Hause. Die Situation auf dem Berliner Wohnungsmarkt war äußerst angespannt; da war das Zelten eine gute Alternative.

Bis Ende des Jahres 1969 traf ich meinen Freund noch sehr häufig, dann riss die Verbindung ab und wir verloren uns völlig aus den Augen. Dazu trug mit Sicherheit bei, dass ich mich kurzzeitig aus Berlin verabschiedete, 1970 heiratete und erst 1974 wieder mit meiner Frau und meiner Tochter nach Berlin ziehen konnte. Unser gemeinsamer Wohnungsantrag von 1970 wurde erst nach drei Jahren mit einer Ausbauwohnung bewilligt. Bis dahin wohnte ich ohne Aufenthaltsgenehmigung am Rande von Berlin, in der ‚Provinz'. Mein Anspruch auf eine Wohnung in der Hauptstadt wäre automatisch aufgehoben worden, hätte ich mich ‚draußen' offiziell angemeldet.

Nach erfolgreichem Ingenieurabschluss im Abendstudium arbeitete ich bis zur Wende 1989 als Ingenieur, wurde vom Betrieb übernommen und blieb insgesamt 37 Jahre, bis zur endgültigen Schließung der Firma Ende 2005.

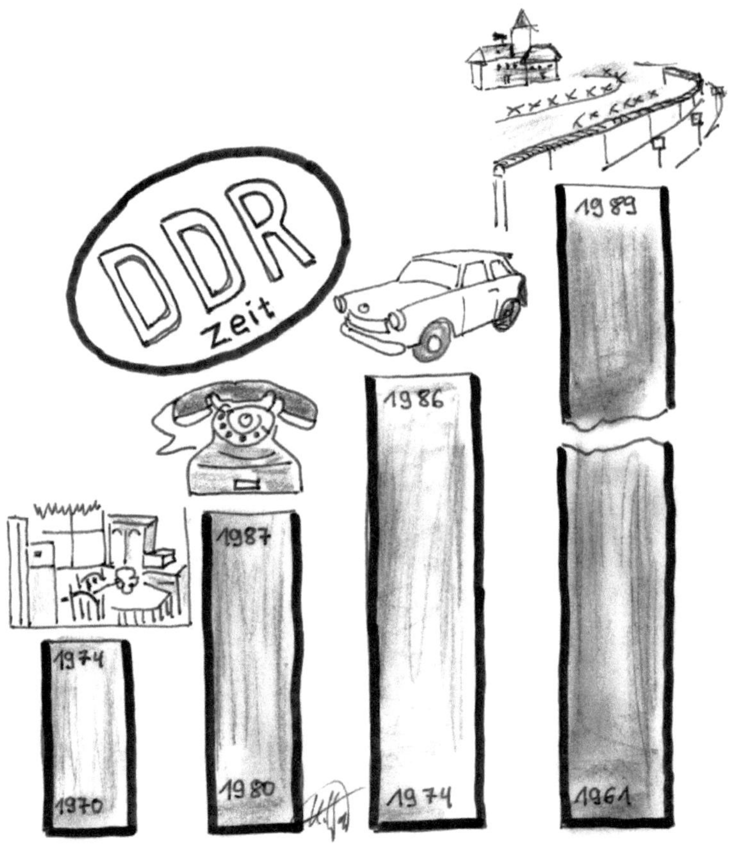
DDR
zeit
1989
1986
1987
1974
1970
1980
1974
1961

17 Zeit des Wartens

Viel Zeit verbringt der Mensch mit Warten. Würde man all die Minuten, Stunden, Tage, Wochen und Jahre addieren, käme wahrscheinlich ein Drittel unserer Lebenszeit zusammen. Wir warten auf Bus und Bahn, auf einen Termin, die Pause, den Feierabend, den Urlaub und noch viele andere Dinge. Die Frage ist, wie man diese Zeiten sinnvoll ausfüllt.

In der DDR gab es eine Reihe zusätzlicher Wartezeiten. Wir mussten viel Geduld aufbringen und Verzicht üben. Das war einfach so, man hatte sich irgendwie damit zu arrangieren. Besonders bei langlebigen Konsumgütern waren lange Wartezeiten die Regel; die Nachfrage überstieg stets das Angebot. Eine Ausnahmestellung hatten natürlich die Privilegierten unserer Gesellschaft; da waren Beziehungen Gold wert. Allen, die das nicht mehr miterlebt haben, möchte ich im Folgenden typische Fälle schildern, in denen Normalbürger durchaus länger warten mussten, bis sie ihr Vorhaben umsetzen oder etwas ihr Eigen nennen konnten: die Wohnungssuche, den Erwerb der Fahrerlaubnis und eines Autos, die Anschaffung eines Telefons und die Organisation einer Urlaubsreise oder einer Ausreisegenehmigung.

Recht lange mussten die meisten auf eine eigene Wohnung warten; das dauert schon einige Jahre, speziell wenn man mehr als ein Zimmer und die Standardausstattung mit Innentoilette, Bad oder Dusche haben wollte. Eine ganz wichtige Voraussetzung war, jemanden im Rathaus zu kennen, der mit der Wohnungsvergabe zu tun hatte. Der Wohnraumanspruch setzte voraus, dass man verheiratet war und ein Kind hatte oder bereits erwartete. Wenn man dann nach langer Wartezeit eine Wohnung bekam, war diese so heruntergekommen, dass man sie erst einmal in

Eigenleistung sanieren musste. Die Materialkosten wurden von der Wohnungsverwaltung erst nach längerer Wartezeit zur Hälfte zurückerstattet.

Über die Betriebe gab es sogenannte AWG-Wohnungen, also Neubauwohnungen in Plattenbauten, für die Beiträge in Form von Geld und Arbeitsstunden geleistet werden mussten. Auch hier wurde natürlich nach der Dringlichkeit der Antragsteller entschieden. Die Wartezeiten bei der Arbeiterwohnungsbaugenossenschaft unterschieden sich kaum von denen anderer Anbieter, aber hier konnte man die Wohnung wenigstens sofort beziehen, ohne sie erst instand setzen zu müssen. Vorrangig versorgt wurden immer die Zugereisten, meist sächsisch sprechenden Genossen, die eigentlich schon eine Altbauwohnung hatten.

Auch für eine Fahrerlaubnis musste man sich zunächst anmelden. Ich glaube, in Ostberlin gab es nur eine zentrale Stelle, und die war in der Schönhauser Allee. Viele traten extra in die Gesellschaft für Sport und Technik (GST) ein, um ihre Fahrerlaubnis schneller zu bekommen. Allerdings absolvierte man dort das Fahrtraining auf einem Lkw, im Rahmen einer vormilitärischen Ausbildung.

Mitte der 70er-Jahre hatte ich das Glück, den Führerschein machen zu dürfen. Nicht bei der einzigen Fahrschule in Berlin oder bei der GST, sondern bei der landwirtschaftlichen Produktionsgenossenschaft (LPG). Die praktische Prüfung musste man jedoch auf einem Lkw mit Hänger ablegen. Angemeldet hatte mich mein Schwiegervater, der als Traktorenschlosser arbeitete. Wie er das gedeichselt hat, ist mir bis heute nicht ganz klar, denn eigentlich sollten vorrangig LPG-Mitglieder zum Lkw- und Mähdrescherfahrer ausgebildet werden. Der Führerschein kostete mich circa 160 Mark, war also wesentlich billiger als heute. Eine Bedingung für die Teilnahme als Nichtmitglied war jedoch ein vierzehntägiger

Einsatz während der Erntezeit, Sonnabend und Sonntag eingeschlossen. Hierfür musste ich natürlich meinen Urlaub opfern, der insgesamt aus achtzehn Tagen bestand. Aber der Schein war mir in dem Moment wichtiger.

Die theoretische Prüfung mit über achtzig Fragen meisterte ich gleich beim ersten Anlauf mit zwei Fehlern; drei waren nach der Prüfungsordnung erlaubt. Wesentlich schwieriger war der praktische Teil mit einem alten, sehr klapprigen Lkw H 5. Das Auto gab häufig seinen Geist auf und musste repariert werden, sodass sich meine Fahrstunden ständig verschoben. Besonders problematisch war für mich das Einparken mit Hänger. Die Aktion fand auf einem freien Übungsplatz statt. Dazu wurden links und rechts Baken aufgestellt, dann musste man den Hänger dazwischen einrangieren. Wenn dabei eine Bake umgefahren oder sogar beschädigt wurde, waren schon mal zehn Mark in die Kasse der Fahrlehrer einzuzahlen. Meine Prüfungsfahrt durch Königs Wusterhausen verlief indes vollkommen problemlos – bis auf einen kleinen Zwischenfall: Beim Überqueren der Schleusenbrücke, wo die Fahrbahn leicht eingeengt war, fuhr eine Radfahrerin vor mir, und hätte mein Fahrlehrer mich nicht mit dem Knie angestoßen, so wäre ich neben ihr über die Brücke gebrettert, was den Abbruch der Prüfung bedeutet hätte. Aber so bremste ich ab, fuhr langsam hinter ihr her und überholte sie erst, als die Fahrbahn breiter wurde und wir keinen Gegenverkehr hatten. In Zeesen beendete ich meine Fahrt und der nächste Prüfling war dran. Auch er fuhr fehlerfrei, womit wir beide unsere Führerscheinprüfung bestanden hatten. Unseren Erfolg feierten wir anschließend würdig mit Bier und Schnaps.

Als ich einige Monate später meinen Ernteeinsatz antrat, wurde gerade ein Traktorfahrer gebraucht. Da ich ja meinen Führerschein schon hatte, musste ich ran. Also schwang ich mich auf die Maschine und startete sie, was mir auch ziemlich schnell gelang.

Dann fuhr ich an die Zapfsäule und ließ auftanken. So weit, so gut. Danach bat mich ein anderer Fahrer um Starthilfe, da sein Trecker nicht ansprang. Also fuhr ich vor ihn und er verband beide Fahrzeuge mit einem Stahlseil. Ich sollte nun anfahren und ihn ein Stück ziehen, bis sein Motor ansprang. Unerfahren, wie ich war, gab ich Gas und fuhr los. Plötzlich hörte ich einen gewaltigen Knall! Das Stahlseil riss einfach durch, alle schrien aufgeregt und der Kollege hinter mir schimpfte wie ein Rohrspatz, ob ich seinen Motor herausreißen wolle. Ich hätte das Seil doch erst vorsichtig spannen müssen, bevor ich richtig anfuhr … Daraufhin wurde vom Brigadier entschieden, dass ich die vierzehn Tage unter Aufsicht bei meinem Schwiegervater in der Werkstatt verbringen sollte. Was ich dann auch tat – als Handlanger, Unterhalter, Reinigungskraft und Einkäufer für Essen, Getränke und Zigaretten.

Dringend notwendig war der Besitz eines Führerscheins für viele nicht, da die meisten sowieso kein Auto hatten. Und die Preise für Neuwagen lagen bei 10 000 Mark aufwärts. Das Geld musste man erst einmal mühsam zusammensparen, denn auf Kredit zu kaufen, war nicht möglich. Auf einen Neuwagen musste man zudem zehn bis zwölf Jahre warten – natürlich, nachdem man angemeldet war. Ausschlaggebend für die Dauer der Wartezeit war unter anderem die Wahl des Fahrzeugtyps. Ein Gebrauchtwagen war schneller zu bekommen, aber meistens viel teurer als ein Neuwagen; die Nachfrage regelte den Preis. Neben der offiziellen Anmeldung im Autohaus in Berlin Unter den Linden gab es später auch Kontingente über die volkseigenen Betriebe. Nachdem ich diese Möglichkeit in Erfahrung gebracht hatte, stellte ich natürlich einen Antrag für einen Trabant. Zwei Jahre später, 1976, bekam ich eine Anfrage über die Gewerkschaft, ob ich auch ein anderes Auto nehmen würde, da zurzeit kein Trabant verfügbar sei. Ich hatte inzwischen so lange gewartet, dass ich wirklich jedes Modell genommen hätte. So bekam ich einen Saporoshez, laut wie ein Traktor, teurer als ein Trabant und von den Russen gebaut. Dabei hieß es immer:„Hüte dich vor falschen Frauen und Autos, die die Russen bauen.“ Manche nannten das Auto auch ‚Stalins letzte Rache‘, allgemein wurde er aber als ‚Zappelfrosch‘ bezeichnet. Mir war es egal, ich wollte unbedingt einen fahrbaren Untersatz haben, borgte mir noch Geld und stimmte dem Angebot zu. Erst viele Jahre später erfuhr ich, dass mein Trabant an einen anderen Kollegen vergeben wurde, nachdem ich den Saporoshez genommen hatte, den kein anderer haben wollte. Mein Fahrzeug hatte aber durchaus Vorteile, denn es war geländetauglich, schneller als der Trabant und hatte eine tolle Benzinheizung.

Für ein eigenes Telefon war – wie immer – ein Antrag notwendig, möglichst gleich mit entsprechendem Dringlichkeitsnachweis, ansonsten wurde man gar nicht erst berücksichtigt. Üblicherweise wurden dann zwei Apparate auf einen Anschluss gelegt, sodass immer nur einer telefonieren konnte, während für den anderen die Leitung besetzt war. Gut war es, wenn man wusste, wer derjenige im Hause war; dann konnte man bei ihm klingeln und darum bitten, doch kurzzeitig aufzulegen.

In meiner letzten Berliner Wohnung bekam ich kurz vor der Wende endlich ein Telefon. Leider handelte es sich um einen solchen Zweitanschluss. Ich musste ihn mit einer älteren Dame teilen, die schon Rentnerin war. Sie telefonierte gern und lange mit ihrer Freundin, die absurderweise schräg gegenüber wohnte. Die Leitung war also meist tot, und das nervte gewaltig. Bei ganz wichtigen Anrufen musste ich manchmal ins Erdgeschoss gehen, bei ihr klingeln und sie höflich auffordern, ihr Gespräch zu unterbrechen, da ich auch einmal telefonieren wollte.

Auch vernünftige Urlaubsreisen waren ohne Beziehungen nur selten zu bekommen. Wenn man es über ein Reisebüro versuchte, brauchte man genügend Geld und Geduld. Als Mitglied des Freien Deutschen Gewerkschaftsbundes (FDGB) hatte man manchmal das Glück, einen Urlaubsplatz an der Ostsee bekommen. Kleinkinder mussten allerdings zu Hause bei den Großeltern bleiben. Danach musste man einige Jahre pausieren, bis zur nächsten FDGB-Reise.

Die längste Wartezeit absolvierten DDR-Bürger jedoch, um in den Westteil Berlins oder nach Westdeutschland zu gelangen. Denn das ging nur als Rentner – im Alter von 60 beziehungsweise 65 Jahren – oder als völlig arbeitsunfähiger Frührentner. Nach lebenslänglicher Beanspruchung konnte der Arbeiter- und Bauernstaat offenbar auf seine Einwohner verzichten. Ich persönlich hatte also noch ein halbes Leben Zeit bis dahin. Sehr viel später gab es die Möglichkeit, Verwandte im Westen zu besuchen, wenn runde Geburtstage anstanden. Ich glaube aber, nicht jeder konnte ausreisen; es mussten Genehmigungen vieler Behörden vorliegen. Und ohne Westverwandtschaft hatte man natürlich gar keine Chance.

Es wurden überaus viele Ausreiseanträge gestellt; sie waren formlos einzureichen und galten bis zum Januar 1989 als ungesetzlich. Zwischen 1961 und 1989 wurden 556 541 Anträge genehmigt. Antragsteller wurden durch ihre Entscheidung kriminalisiert und als ‚staatsfeindliche Elemente' bezeichnet, überwacht und in vielerlei Hinsicht benachteiligt.[24]

Die Anträge wurden regelrecht verschleppt, sodass auch mal zehn Jahre ins Land gingen. Die Ablehnung der Ausreiseanträge erfolgte mündlich und ohne jegliche Begründung. Mit dieser Hinhaltetaktik wurde der Antragsteller über mehrere Jahre hinweg allmählich zermürbt.

In Anbetracht der Ausreiseverweigerung versuchten vor allem jüngere Menschen, die Grenze illegal zu überwinden. Dabei mussten viele ihr Leben lassen oder wurden gefasst und für längere Zeit unter unmenschlichen Bedingungen weggesperrt. Die totale Grenzsicherung mit Mauern und Gräben, Stacheldraht und Selbstschussanlagen verhinderte die Völkerwanderung von Ost nach West. Bezieht man das auf die heutige Zeit, wäre es so, als würde man den Menschen in Krisengebieten verbieten, ihr Land zu verlassen und ein besseres Leben zu führen.

Für die Abwanderungswelle vor der Grenzschließung 1961 gab es verschiedene Gründe: Verwandte im Westen, Verlust von Grund und Boden durch Enteignung, Verfolgung und Benachteiligung von Christen, Einschränkung der Freiheit, die schlechte Versorgungslage …

Zwischen 1945 und 1961 flüchteten über 3,5 Millionen Menschen aus der SBZ und der DDR.[25]

Die eigentlichen Fluchtmotive wurden von der DDR-Propaganda völlig ignoriert. Stattdessen warf man dem Westen Abwerbung und Menschenhandel vor.

Mit der Wende waren all diese stressigen, langen Wartezeiten plötzlich Geschichte. Es ist nicht so, dass es heute keine mehr gibt; sie sind schlicht anders geartet und wesentlich kürzer. Im Endeffekt mussten ich und viele DDR-Bürger 40 Jahre auf Freiheit und Demokratie warten. Ein besseres Ereignis konnte uns nicht widerfahren, und ich habe die Zeit bis heute intensiv gelebt und genossen. Völlig frei zu sein, ist wahrscheinlich eine Illusion, aber festgeschriebene und praktizierte Grundrechte sind ganz wichtig!

Beglaubigte Abschrift

LANDGERICHT BERLIN

Beschluss

Geschäftsnummer: (551 Rh) 4 Js 299/99 (249/99)

In der Rehabilitierungssache

des Uwe **Waterstraat,**
geboren am 15. Januar 1949 in Neubukow,
wohnhaft: Grüner Weg 8a, 15711 Schenkendorf,

hat die 51. Strafkammer - Rehabilitierungskammer - des Landgerichts Berlin nach Anhörung der
...anwaltschaft bei dem Kammergericht unter Mitwirkung
...m Landgericht Leschonski,
...el und

Die weiteren Entscheidungen beruhen auf §§ 6, 12 Abs. 2 Nr. 3, 4 und 14 Abs. 1, 2 StrRehaG.

Eine Entscheidung über einen Anspruch auf Erstattung von gezahlten Verfahrenskosten war nicht zu treffen, da solche nicht erhoben worden sind.

Leschonski Heinatz Rosenthal

Beglaubigt

Justizangestellte

18 Zeit der Rehabilitierung

Aufgezogen wurden die Schubladen der Erinnerung einige Jahre nach der Wende. Es gab schon länger die Möglichkeit einer offiziellen Rehabilitierung und Entschädigung von erfahrenem Unrecht in der DDR. Die ersten Hinweise hatte ich nebenbei im Radio gehört; später informierte ich mich etwas genauer. Natürlich mussten wieder Anträge gestellt und möglichst lückenlose Nachweise erbracht werden. Den kleinen, sehr zerfetzten Entlassungsschein hatte ich schon lange nicht mehr, auch keine weiteren Unterlagen, aber der ungefähre Zeitraum meiner Inhaftierung war noch in meinem Gedächtnis abgespeichert. Also stellte ich Mitte des Jahres 1999 einen entsprechenden Antrag auf Rehabilitierung an das Landesamt für Gesundheit und Soziales in Berlin. Am 29. Februar 2000 bekam ich dann den ersten Bescheid vom Landgericht Berlin. Seit meiner Haftentlassung waren 31 Jahre vergangen.

In dem Schreiben wurde mein zu Unrecht erlittener Freiheitsentzug bestätigt, damit die Rehabilitierung zugelassen sowie der Anspruch auf Erstattung von gezahlten notwendigen Auslagen erklärt. Für deren unmittelbare Auszahlung war jedoch eine Dringlichkeitserklärung erforderlich, da sehr viele Anträge abgearbeitet werden mussten. In der Begründung zur zulässigen Rehabilitierung wurde Folgendes ausgeführt:

„Der Antrag des Betroffenen auf strafrechtliche Rehabilitierung ist zulässig und begründet. Das Ermittlungs- und Strafverfahren ist mit wesentlichen Grundsätzen einer freiheitlichen rechtsstaatlichen Ordnung unvereinbar, weil es der politischen Verfolgung gedient hat (§ 1, Abs. 1, Nr. 1 StrRehaG).

Das Strafverfahren ist gegen den Betroffenen geführt worden, weil er sich in angemessener Weise kritisch über den Einmarsch der Truppen des Warschauer Paktes in die Tschechoslowakei geäußert hatte. Die Durchführung eines Strafverfahrens hierfür diente nicht der Ahndung kriminellen Unrechts, sondern der Unterdrückung missliebiger, von der staatlichen Ideologie abweichender Meinungsäußerung. Insofern verstieß es gegen das auch von der DDR-Verfassung garantierte Menschenrecht auf freie Meinungsäußerung.

Danach ist das Ermittlungsverfahren- und Strafverfahren in dem aus der Beschlussformel ersichtlichen Umfang für rechtsstaatswidrig zu erklären (§ 1, Abs. 1 StrRehaG i. V. m. § 1, Abs. 5 StrRehaG).

Der Betroffene wird rehabilitiert.“[26]

Kurz zusammengefasst: Trotz des gesetzlich verbrieften Rechts der Meinungs- und Pressefreiheit – Artikel 27 der Verfassung der DDR von 1968 – durfte in der DDR nicht in jedem Fall eine eigene Meinung öffentlich geäußert werden. In der Praxis wurde uns dieses Recht verwehrt, obwohl es in besagtem Artikel hieß:

„Dieses Recht wird durch kein Dienst- oder Arbeitsverhältnis beschränkt. Niemand darf benachteiligt werden, wenn er von diesem Recht Gebrauch macht.“[27]

Wenn man die eigenwillige Umsetzung dieses Gesetzes selbst erlebt hat, ist dieser Absatz ein Witz. War die Kritik am politischen System oder an den Lebensbedingungen in der DDR davon ausgenommen? Heute kann ich diese Fragen nur mit Ja beantworten. Abweichende Meinungen wurden fast immer als staatsfeindliches Handeln ausgelegt und damit als Staatsverleumdung gewertet.

Das hatte natürlich auch zur Folge, dass sich die meisten Menschen zwei Meinungen zulegten: eine staatskonforme und eine persönliche. Nach außen hin galt es, mit dem Strom zu schwimmen, möglichst nicht anzuecken und die eigenen Gedanken zurückzuhalten. Diskussionen wurden nur mit Gleichgesinnten geführt, doch selbst das war sehr riskant, wie sich im Nachhinein herausgestellt hat. Viele wurden von ihren eigenen Freunden oder sogar dem Ehepartner ausspioniert und denunziert.

Im März 2000 stellte ich meinen Antrag auf Kapitalentschädigung, wiederum an das Landesamt für Gesundheit und Soziales. Ich war nun wirklich gespannt. Was würde die gestohlene Zeit wert sein? Leider verpuffte die Spannung vorzeitig, da über die Medien bereits entsprechende Informationen verbreitet wurden: Für einen Monat Haft sollten anfangs 300 DM pro Monat ausgezahlt werden. Die Summe wurde dann später auf 600 DM erhöht. Da der August mitgerechnet wurde, konnte ich also mit einer Summe von rund 3000 DM rechnen, die dann auch mit einem Bescheid am 9. Mai 2001 bestätigt und unbürokratisch auf mein Konto überwiesen wurde. Grundlage war das erste SED-Unrechtsbereinigungsgesetz (StrRehaG/1-UnBerG) vom 29. Oktober 1992, zuletzt geändert durch das Gesetz über die Rehabilitierung und Entschädigung von Opfern rechtsstaatswidriger Strafverfolgungsmaßnahmen im Beitrittsgebiet vom Dezember 1999.

Für mich persönlich ist das Thema damit abgeschlossen. Ich bin sehr zufrieden mit meiner Rehabilitierung. Alles andere muss ich akzeptieren. Die gestohlene und damit verlorene Zeit kann mir leider keiner mehr zurückgeben; sie ist und bleibt Vergangenheit. Besonders wichtig ist mir die Tatsache, dass unsere kleine Auflehnung gegen den Einmarsch der Russen in Prag vollkommen richtig war. Wir hatten uns für die richtige Sache eingesetzt, alle

Zweifel sind verflogen, und heute erfüllt mich sogar ein wenig Stolz.

Rückblickend habe ich aber insgesamt viel zu viel hingenommen, aus Gutgläubigkeit, Gewohnheit, Unkenntnis, Trägheit, Ignoranz und Angst. Vieles war mir einfach auch egal. Ich wollte nicht groß auffallen, nur das Notwendigste mitmachen und ansonsten in meiner eigenen Welt leben und diese gestalten. Am wichtigsten war mir mein privates Umfeld – die Familie und mein Freundeskreis.

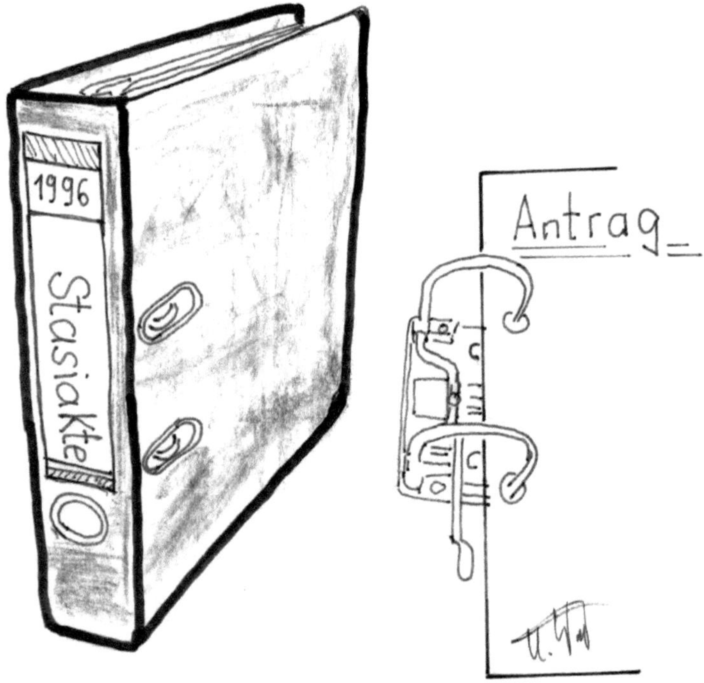
1996
Stasiakte
Antrag

19 Zeit der Stasiakte

Unmittelbar nach meiner Rehabilitierung und der Überweisung der Entschädigungssumme wollte ich unbedingt noch wissen, ob von mir möglicherweise eine Stasiakte existierte. Bei der damaligen flächendeckenden Überwachung durch zahlreiche inoffizielle Mitarbeiter (IM) konnte es ja durchaus möglich sein, zumal ich unangenehm aufgefallen war.

„Im Laufe seiner Existenz führte das MfS rund 624 000 inoffizielle Mitarbeiter." Einer Studie zufolge kam auf 89 Bürger ein IM. Auch außerhalb der DDR agierten Mitarbeiter der Stasi.[28]

Natürlich musste ich zunächst einen entsprechenden Antrag stellen. Das Formular konnte man sich aber ganz einfach aus dem Internet herunterladen. Es handelte sich um den »Antrag auf Auskunft, Einsicht sowie Herausgabe von Kopien aus Unterlagen des Staatssicherheitsdienstes der ehemaligen Deutschen Demokratischen Republik«. Ganze zwei Formularseiten mussten ausgefüllt und per Post an die Gauck-Behörde (BStU) gesandt werden. Nach ungefähr vier Monaten erhielt ich im April 2003 eine Eingangsbestätigung mit einer sogenannten Tagebuchnummer, die ständig anzugeben war. Vierzehn Tage später bekam ich wieder Post von der Behörde; sie benötigte noch eine Identitätsbestätigung. Also musste ich zum Einwohnermeldeamt und einen Auszug aus dem Melderegister oder eine amtlich beglaubigte Kopie meines gültigen Personalausweises besorgen. Drei Monate später schickte man mir schließlich den schriftlichen Bescheid, dass ich nun Zugang zu den Unterlagen des Staatssicherheitsdienstes der ehemaligen DDR hätte, die meine Person betrafen. Die Recherchen der Behörde hatten folglich ergeben, dass Dokumente über mich vorlagen. Genaueres wollte man mir nicht sagen, und auch von telefonischen Nachfragen sollte ich Abstand nehmen.

Bis zur Akteneinsicht musste ich mich in Geduld üben, da die hohe Zahl der Anträge zu erheblichen Wartezeiten führte. Am 25. Oktober 2003 war es dann so weit: Ich durfte ab 9 Uhr in der Otto-Braun-Straße in Berlin-Mitte Einsicht in meine Unterlagen nehmen. Die Akte war recht dünn und beinhaltete nur 23 Schreibmaschinenseiten. Andere, die ich im Leseraum traf, hatten mehrere dicke Ordner zu bewältigen. In den Berichten wurden häufig Abkürzungen verwendet, einiges war geschwärzt worden, und die ehemaligen IM waren durch Decknamen geschützt. Für die vielen Abkürzungen lag ein Erklärungsblatt auf jedem Tisch aus. In jedem Leseraum gab es eine Aufsichtsperson der Behörde, die auch Fragen beantwortete. Es herrschte absolute Stille; man hätte eine Stecknadel fallen hören können. Nur das Umblättern der Seiten machte entsprechende Geräusche. Alle saßen vornübergebeugt und äußerst gebannt über ihren Dokumenten und zogen die Stirn in Falten. Die meisten wussten allem Anschein nach nicht, ob sie weinen oder lachen sollten; viele machten ein ungläubiges Gesicht. Es durften keine Unterlagen entwendet, Seiten ausgeheftet und mitgenommen oder eigene Kopien angefertigt werden. Wer einen Abzug wollte, musste sich die entsprechenden Seitenzahlen merken und die Behörde beauftragen. Um herauszufinden, wer sich hinter den Decknamen verbarg, konnte man darüber hinaus Anträge für die Ermittlung der Klarnamen stellen.

Nachdem ich die Seiten gelesen hatte, kam in mir ein gewisser Verdacht auf, der fast ein Jahr später schriftlich bestätigt wurde. Die Berichte stammten aus den Jahren 1982 bis 1984 und hatten vorrangig mit meiner damaligen Arbeit zu tun, dem Aufbau eines Farbbildröhrenwerks mit einer Firma aus Japan. Es ging um eine Lizenz zur Montage von Farbbildröhren der Firma Toshiba. Die

Berichte handelten von meiner persönlichen Einstellung zum DDR-Staat, und auch private oder mögliche familiäre Verbindungen zum Westen wurden thematisiert. Die Protokolle dokumentierten Gespräche aus dem Betrieb, von gemeinsamen Autofahrten zu Auswärtsterminen, bei Verhandlungen, auf Veranstaltungen oder Feiern. Anlass war wohl die Zusammenarbeit mit den japanischen Kollegen, in deren Folge Mitarbeiter ausgewählt wurden, die zum Lizenzgeber nach Japan reisen durften. Die Berichte waren eigentlich völlig belanglos; nach meiner Lesart wurde mir nichts Bösartiges unterstellt. Aber es gab auch einige Dinge, die mich stutzig machten, weil sie falsch dargestellt oder interpretiert worden waren. Erst wesentlich später erfuhr ich, dass ich tatsächlich als Erster von der Liste des Reisekaders gestrichen worden war. Hatte man mir 15 Jahre nach meiner Inhaftierung noch immer misstraut? Ob nun die Stasiunterlagen ausschlaggebend waren oder andere Gründe, ist nicht mehr aufzuklären und heute auch völlig uninteressant. Diese einmalige Chance ist jedenfalls an mir vorbeigegangen. Ein anderer fuhr an meiner Stelle zur Schulung nach Japan, vermutlich ein IM. Heute kann ich davon ausgehen, dass ich höchstwahrscheinlich nicht der einzige Mitarbeiter war, der bei der Zusammenarbeit mit westlichen Firmen im volkseigenen Betrieb überwacht wurde. Ich glaube, in unserem Betrieb gab es sogar ein Büro der Staatssicherheit.

Eigentlich hätte ich noch einen Eintrag von meinem Ausflug nach Prag 1978/79 erwartet, als ich zum UEFA-Pokalspiel von Hertha BSC gegen FK Dukla Prag gereist war. Ich hatte das Gefühl, von zahlreichen Spitzeln umgeben zu sein, und im Stadion waren die Kameras nicht auf das Spielfeld, sondern direkt in unseren Gästeblock gerichtet. Auch auf der Rückreise wollten uns Wildfremde ständig ein Gespräch aufdrängen, und an der Grenze wurden wir und das ganze Abteil gründlich gefilzt. Das Spiel konnte Hertha BSC im Übrigen mit 2:1 gewinnen.

Trotz großer Bemühung konnte ich damals meine ehemalige Freundin Milada nicht mehr ausfindig machen. Zehn Jahre sind eine lange Zeit, und außerdem war unser Aufenthalt zu kurz. Nach dem Fußballspiel von Hertha war ich zu DDR-Zeiten noch einmal in Prag und zweimal in Ungarn, wo ich mit meiner Familie am Balaton Urlaub machte. Mit der Familie im Schlepptau nach einer alten Freundin zu suchen, war da eher ungünstig. Dadurch habe ich bis heute keinen Kontakt mehr. Auch die Verbindung zu meinem Freund Gábor ist unterbrochen. Zu Ostzeiten war er in Vergessenheit geraten, und als ich nach der Wende dienstlich in Budapest zu tun hatte, konnte ich ihn nicht finden.

Besonders enttäuschend war für mich auch, wie sehr sich meine damaligen Traumziele verändert hatten. Bei den Urlaubsaufenthalten herrschte eine ganz andere Atmosphäre. Die Menschen waren nicht mehr so offen, warmherzig und entspannt wie im Jahr 1968. Die Frage nach der Herkunft hatte plötzlich ein besonderes Gewicht und führte zu einer wesentlich größeren Distanz. Ohne Westmark war man für die meisten Leute uninteressant. Speziell in Ungarn fühlte man sich nur zweitklassig, bekam für sein schwer erspartes Geld sauren Wein und versalzene Gulaschsuppe. Der Balaton war klar in westdeutscher Hand. Meine Erlebnisse von 1968 blieben somit einzigartig.

Nachwort

Ich war in der U-Haft keiner körperlichen Gewalt ausgesetzt, erlitt keine bleibenden gesundheitlichen Schäden. Aber es wurde massiver psychischer Druck ausgeübt. Speziell meine Einzelhaft empfand ich als eine Art Folter, was bestimmt auch beabsichtigt war. Am schlimmsten war jedoch, dass ich den Glauben an die Gerechtigkeit und das Gute im Menschen verloren hatte. Mit dem Verlust dieses Glaubens wuchs der Groll gegen das sozialistische System, das keine andere Meinung zuließ und unliebsame Personen zum Schweigen brachte. Man fühlte sich unglaublich machtlos.

Überzeugungen mit der ‚Holzhammermethode' durchzusetzen, mag kurzzeitig gelingen, kann aber sehr schnell ins Gegenteil umschlagen. Mit Gewalt und Zwang gewinnt man die Menschen nicht, im Gegenteil – sie laufen davon. Aber nicht einmal das war uns möglich. Was mir heute besonders aufstößt, ist, wie man uns in der DDR mit falschen Informationen belogen und betrogen hat.

„Öffentlich Wasser predigen und heimlich Wein trinken" – das hat schon Heinrich Heine in »Deutschland. Ein Wintermärchen« bemängelt. Er wollte damit seine Kritik an der Kirche zum Ausdruck bringen, die den Menschen dazu riet, sich mit ihrer Armut abzufinden. Da kann man schon gewisse Parallelen zu unserer weltlichen Führungsriege erkennen.[29]

Es gab durchaus die Möglichkeit, Missstände anzuprangern und gesellschaftskritisch zu agieren, aber es war eine Gratwanderung. Die Frage war, ob man Dinge ansprach, die nicht verhandelbar waren. Und davon gab es reichlich; zu starr und festgefahren war das System. Die Staatsorgane reagierten sehr empfindlich; man musste mit Repressalien rechnen, wurde überwacht, gegängelt, hatte keine Aufstiegschancen oder erhielt Berufsverbot. Mit der Zeit wusste man ungefähr, was man sagen durfte oder besser nicht öffentlich aussprach. Da richtete man sich besser in einer Parallelwelt ein, um halbwegs in Ruhe sein Leben gestalten zu können.

Ich entschied mich für Letzteres, lebte in meiner eigenen Welt, mit der Familie und ausgewählten Freunden, ohne jeden Quatsch mitzumachen, aber innerlich protestierend. Nur im August 1968, als es gar nicht anders ging, ließ ich meine ganze Wut raus, zu niederschmetternd und brutal war das Eingreifen der Russen. Durch meine vorherigen Erlebnisse in Prag fühlte ich mich einfach selbst als Betroffener. Doch bereits Ende des Jahres 1968 sprach keiner mehr über den Prager Frühling. Das sozialistische System russischer Bauart war dem Volk wieder gewaltsam übergestülpt worden, und es ging weiter im alten Trott. Bei uns interessierte sich kaum noch jemand für den Vorfall.

Schwer zu begreifen ist für mich auch die Wende. Selbst nach 27 Jahren kann ich mir den Zerfall des DDR-Überwachungsstaates nicht recht erklären. Wem soll man danken; war es Gott? Sicher nicht, sonst hätte er früher eingegriffen. Wer dann? Ich weiß, dass viele Menschen dazu beigetragen haben, und mit der Öffnung der Mauer gab es kein Halten mehr. Dennoch frage ich mich, wer dem Genossen Schabowski das berühmte Schreiben untergeschoben hat. Und welchen Anteil hatte Gorbatschow tatsächlich mit seinem Perestroika-Konzept?

In kurzer Zeit wurde unser und auch mein Weltbild völlig auf den Kopf gestellt. Schließlich war uns das Gedankengut des Sozialismus von Geburt an verinnerlicht worden. Die drei großen Vordenker Marx, Engels und Lenin lagen nun völlig in Schieflage, was die weltgeschichtliche Entwicklung betraf. Der Sozialismus war total gescheitert, der Kapitalismus fasste sehr schnell Fuß. Mein Opa war überzeugter Kommunist, schon zu Hitlerzeiten hatte er den Widerstand in Mecklenburg mitorganisiert. In der DDR hatte er als Dozent die Parteikader ausgebildet. Ich denke, für ihn war es besser, dass er seine gelebten Ideale mit ins Grab genommen hat. Sowohl die Umsetzung der sozialistischen Idee als auch ihr Niedergang hätten seine Welt völlig aus den Angeln gehoben. Die prophezeite ‚höhere Gesellschaftsform' in der menschlichen Entwicklung war gescheitert, und deren nachfolgende Stufe, der Kommunismus, konnte gleich mit abgehakt werden. Nun holte uns die Gegenwart ein. Wir hatten versuchsweise auf der Insel des Sozialismus gelebt, bis uns das Geld ausging und wir vollkommen pleite waren. In der Marktwirtschaft konnte man eben doch nicht überholen ohne einzuholen.

Wie hieß es immer: „Den Sozialismus in seinem Lauf hält weder Ochs noch Esel auf." Wer waren da die Ochsen und die Esel? Die Antwort schenke ich mir.

Erfreulicherweise wurde nach der Wende einiges, was die DDR betraf, aufgearbeitet. Nur mit der Demokratisierung und der Wiedererlangung der Freiheit war dies letztendlich möglich. Ich wurde – wie viele andere Opfer – rehabilitiert und entschädigt; die Schuldfrage war geklärt. Die Täter jedoch wurden kaum belangt. Mir sind jedenfalls nur wenige Fälle bekannt. Meist wurden sie freigesprochen oder zu Bewährungsstrafen verurteilt.

Ich hoffe, die Leser verzeihen mir am Ende mein unwissenschaftliches Philosophieren über diesen Teil der deutschen Geschichte. Heute haben wir eine Demokratie, eine Meinungs- und Pressefreiheit. Wir dürfen sagen und schreiben, was wir wollen. Es stellt uns allerdings vor neue Herausforderungen. So sollten wir uns von verfassungsfeindlichen Äußerungen deutlich distanzieren. Das hohe Gut der Freiheit muss beschützt werden.

Danksagung

Großer Dank geht an eine langjährige Freundin, Ulla Grüneberg, an die Wörterwerkstatt von Friederike Brendler und an den Rediroma-Verlag, durch den die Veröffentlichung erst möglich wurde. Vielen Dank auch an meine liebe Frau und an meine Tochter Janin, denen ich alle meine Entwürfe zum Lesen oder ihnen selber vorgelesen habe, vor allem für ihre Hinweise und Geduld, die sie dabei aufbrachten. Sie alle haben zum Gelingen des vorliegenden Büchleins beigetragen.

Quellenhinweise

Nicht alle kursiven Textpassagen sind wörtliche Wiedergaben. Viele Informationen stammen aus Funk und Fernsehen, Zeitungen, Zeitschriften oder Büchern und – die meisten – aus dem Internet. Sie beziehen sich auf den heutigen Kenntnisstand, das heißt auf Dinge, die ich damals noch nicht wissen konnte, und sind mit eigenen Worten wiedergegeben. Angezeigt werden natürlich alle wortwörtlich wiedergegebenen Zitate – entsprechend mit Anführungsstrichen versehen –, aber auch Gedanken, die mit meinen Aufzeichnungen im Zusammenhang stehen.

[1] Albert Einstein (1879–1955)
URL: http://www.zitate-online.de/sprueche/wissenschaftler/205/die-welt-wird-nicht-bedroht-von-den-menschen.html

[2] Wikipedia
URL: https://de.wikipedia.org/wiki/Zeit

[3] Wikipedia
URL: https://de.wikipedia.org/wiki/Zeit

[4] Wikipedia
URL: https://de.wikipedia.org/wiki/Zeit

[5] Napoleon Bonaparte (1769–1821)
URL: https://www.aphorismen.de/zitat/20088

[6] Samuel Beckett (1906–1989)
URL: http://www.zitate.de/autor/Beckett,+Samuel

[7] Karlheinz Deschner (1924–2014)
URL: http://www.wasistzeit.de/Ueber-die-Zeit/Zeitzitate

[8] Wikipedia
URL: https://de.wikipedia.org/wiki/Deutschlandtreffen_der_Jugend

[9] Wikipedia
URL: https://de.wikipedia.org/wiki/Wenzelsplatz

[10] Wikipedia
URL: http://prag.sehenswuerdigkeiten-online.de>Sehenswuerdigkeiten/prager_burg.html

[11] Wikipedia
URL: https://de.wikipedia.org/wiki/Volkskammerwahl_1990

[12] Jókai Villa Hotel
URL: http://www.jokaivilla.com/Siofok

[13] Barry Mason (*1935)
URL: http://www.songtexte.com/songtext/tom-jones/delilah-23d6bc0f.html

[14] Frankfurter Allgemeine Zeitung (22.08.2008)
URL: http://www.faz.net/aktuell/politik/21-august-1968-das-ende-des-prager-fruehlings-1685338.html

[15] Louis Pasteur (1822–1895)
URL: https://www.aphorismen.de/zitat/25708

[16] Hotel Stolteraa
URL: http://www.hotel-stolteraa.de/3.html

[17] Walter Ulbricht (1893–1973)
URL: https://de.wikiquote.org/wiki/Walter_Ulbricht

[18] Stasi-Haftanstalt Töpferstraße e. V.
URL: http://toepferstrasse.org/html/toepferstrasse_1879-1953.html

[19] Wikipedia
URL: https://de.wikipedia.org/wiki/Gefangenensammeltransportwagen_der_Deutschen_Reichsbahn

[20] blog@inBerlin
URL: http://blog.inberlin.de/2013/09/alcatraz-am-alex-das-alte-ddr-gefaengnis-in-der-keibelstrasse/

[21] Wikipedia
URL: https://de.wikipedia.org/wiki/H%C3%A4ftlingsfreikauf

[22] Mitteldeutscher Rundfunk
URL: http://www.mdr.de/damals/archive/artikel84574.html

[23] news.de GmbH
URL: http://www.news.de/politik/855025016/der-tod-kommt-schleichend/1/

[24] DDR-Lexikon
URL: http://www.ddr-wissen.de/wiki/ddr/pl?Ausreiseantrag

[25] Zentrum für Zeithistorische Forschung e. V.
URL: http://www.chronik-der-mauer.de/180098/flucht-aus-der-ddr-vor-dem-mauerbau-1949-1961

[26] Rehabilitationssache des Uwe Waterstraat, Geschäftsnummer (551 Rh) 4 Js 299/99 (249/99)

[27] Verfassung der DDR (1968)
URL: http://www.documentarchiv.de/ddr/verfddr.html

[28] Wikipedia
URL: https://de.wikipedia.org/wiki/Inoffizieller_Mitarbeiter

[29] Heinrich Heine (1797–1856)

URL: http://www.redensarten-index.de/suche.php?suchbegriff=oeffentlich+Wasser+predigen+und+heimlich+Wein+trinken&suchspalte%5B%5D=rart_ou

Über den Autor:

Uwe Waterstraat, Jahrgang 1949, wuchs im Osten des geteilten Berlins auf. 1968, als der Prager Frühling gewaltsam niedergeschlagen wurde, kam er wegen Staatsverleumdung in Untersuchungshaft. Seit der Wende lebt er im Land Brandenburg.